비건 홈카페

양수민 Léa

프랑스가 좋아서 불어불문학을 전공했고 빵이 좋아서 프랑스 르 꼬르동 블루에서 프랑스 제과를, INBP에서 프랑스 제빵을 배웠다. 2007년 파리와 빵 이야기를 담은 에세이 《빵빵빵, 파리》를 썼고, 2017년 《다시, 파리》를 출간했으며, 2018년 《빵에 관한 위대한 책》을 번역했다. 2009년 홍대와 합정 사이 좁은 골목에서 아틀리에 카페 '빵빵빵, 파리'를 운영하다 일본으로 유학길에 올랐으나 동일본대지진 이후 다시 프랑스로 떠났고, 지금의 남편을 만났다.
현재 프랑스인 남편, 딸과 함께 한국에 거주하며 비건 베이킹 클래스 '르봉땅Le Bontemps'을 운영하고 있다.

이현경 Hany

첫 직장이었던 호텔에서 음료와 칵테일, 간편식 메뉴를 개발하고 만들었다. 이후 중국, 일본, 영국에서 유학했으며 이벤트 기획 회사에서 일을 하며 다시금 요리에 매력을 느꼈다. 그 후 본격적으로 한국 전통음식, 떡과 한과, 전통주, 사찰음식을 배웠다. 한국전통음식연구소에서 연구원 업무를, 떡박물관에서 학예사로 일하며 한식 관련 전시, 교육프로그램 기획, 어린이와 외국인 대상 한식 강의를 진행했다.
'르봉땅'에서 비건 음료와 아이스크림, 그래놀라와 요리를 가르쳤다. 현재 그래놀라 전문 디저트 카페 '오트.도트Oat. Dot'와 비건 쿠킹 클래스 오픈을 준비 중이다.

카페 맛 그대로, 비건 요리와 베이킹

비건 홈카페

양수민·이현경 지음

taste BOOKS

목차

프롤로그 ·· 014

0
비건 요리를 시작하기 전
LESSON

비건이란? ·· 018
비건을 위한 재료 ······························· 020
비건 요리를 도와주는 도구 ················· 042
비건을 지속하는 방법 ························· 048

1
가벼운 식사
GRANOLA, SALAD, SMOOTHIE BOWL

클래식그래놀라 ································ 054
블루베리콩포트오트밀 ······················· 056
베리바나나스무디볼 ·························· 058
트로피컬스무디볼 ····························· 060
아보카도주키니스무디볼 ···················· 062
녹차그래놀라볼 ································ 064
흑미채소샐러드 ································ 066
오트밀죽 ·· 068
두부볶음과 채소스틱 ························· 070
율무찜채소샐러드 ····························· 072
후무스채소구이샐러드 ······················· 074
연두부프리타타샐러드 ······················· 076
감자전샐러드 ···································· 078
소이소스그래놀라바 ·························· 080
증편살사샐러드 ································ 082
오이묵샐러드 ···································· 084

2
출출할 때 과자와 빵
COOKIE, BREAD

피넛버터초콜릿쿠키 ·························· 088
얼그레이쿠키 ···································· 090
코코넛사브레쿠키 ····························· 092
검은깨두부쿠키 ································ 094
무화과메이플스콘 ····························· 096
땅콩쿠키 ·· 098
시트롱스콘 ······································ 100
감자바질스콘 ···································· 102
사과비트칩 ······································ 104
시금치토마토스콘 ····························· 106
케일칩과 갈릭소스 ····························· 108
토마토포카치아 ································ 110
플레인치아바타 ································ 112
쌀베이글 ·· 114
흑임자베이글 ···································· 116
올리브포카치아 ································ 118
파르망티에롤브레드 ·························· 120

3
든든한 식사
SANDWICH, PASTA, RICE AND DRINK

고구마샌드위치 ································ 126
아이스밀크티 ···································· 127
올리브페스토브루스케타 ···················· 128
토마토콜드수프 ································ 129
채소구이샌드위치 ····························· 132
토마토사과스무디 ····························· 133
알감자구이샐러드 ····························· 134
그린스무디 ······································ 135

완두콩페스토콜드파스타 ················ 138
샬롯피클 ···································· 139
채소피자 ···································· 140
오트밀우유 ································ 141
두유크림파스타 ·························· 144
옥수수수프 ································ 145
나물파스타 ································ 146
파인애플살사샐러드 ···················· 147
비건 햄버그스테이크 ·················· 150
코울슬로 ···································· 151
콩샐러드토르티야 ······················ 152
청포도셀러리스무디 ···················· 153
프렌치샐러드샌드위치 ················ 156
당근수프 ···································· 157
채소김밥 ···································· 158
팽이파프리카절임 ······················ 159
연근주먹밥 ································ 162
퀴노아수프 ································ 163
채소간장떡볶이 ·························· 164
복숭아아이스티 ·························· 165
참나물페스토볶음밥과 토마토양파샐러드 ···· 166

4
달콤한 디저트
CAKE, DESSERT, CREAM

크렘브륄레*글루텐 프리 ················ 170
주키니파프리카머핀*글루텐 프리 ·· 172
코코넛판나코타*글루텐 프리 ········ 174
망고바닐라크림*글루텐 프리 ········ 176
초콜릿바나나타르트 ···················· 178
가토오쇼콜라 ······························ 180
얼그레이유자케이크*글루텐 프리 ·· 182
라임바질머핀 ······························ 184
티라미수 ···································· 186

쑥인절미케이크*글루텐 프리 ········ 188
녹차팥파운드케이크*글루텐 프리 ·· 190
카푸치노파운드케이크*글루텐 프리 ···· 192
트로피컬케이크 ·························· 194
제주당근케이크*글루텐 프리 ········ 196
비트고구마머핀*글루텐 프리 ········ 198
녹차산딸기크림*글루텐 프리 ········ 200
블루베리투톤케이크 ···················· 202
통밀팬케이크 ······························ 204
바크너트초콜릿 ·························· 206
딸기타르트 ································ 208

5
기본 비건 요리 수업
BONUS

채수 ·· 212
아몬드버터 ································ 214
클래식그래놀라 ·························· 216
블루베리콩포트오트밀 ················ 218
베리바나나스무디볼 ···················· 220
코코넛사브레쿠키 ······················ 222
시트롱스콘 ································ 225
토마토포카치아 ·························· 228
쌀베이글 ···································· 232
비건 마요네즈 ···························· 236
홀그레인머스터드 ······················ 238
참나물페스토 ······························ 240
토마토페이스트 ·························· 242
토마토소스 ································ 244
오트밀우유 ································ 246
라임바질머핀 ······························ 248
투톤케이크 시트 ························ 251
초콜릿바나나타르트 ···················· 254
카푸치노파운드케이크 ················ 258

프롤로그

양수민 Léa

'빵빵빵, 파리'를 운영하던 시절에는 소규모 사업장이라 생크림이나 버터를 원하는 만큼 규칙적으로 거래하는 일이 어려웠어요. 제과 재료 대부분이 수입품이었고 주문대로 공급받지 못하는 일이 종종 생겨서 어떻게 하면 재료로부터 자유로울 수 있을까 고민했어요.

더불어 락토베지테리언인 스웨덴 친구의 영향으로 '비건'에 관심을 갖게 됐고, 결혼 후 프랑스에 정착하면서 기후와 환경, 동물, 비건에 조금 더 관심이 생겼답니다. 언젠가는 비건이 되겠다고 선언했을 때, 일그러진 남편의 표정을 잊을 수 없어요. 저는 아직 비건은 아닙니다. 비건을 지향하는 논비건이죠.

비건은 물론, 논비건까지 아우르는 재료를 이용해 비건 빵과 과자 만드는 일은 무척 즐겁고 흥분됩니다. 비건 베이킹 클래스를 운영한지 4년이 됐지만 여전히 비건 베이킹을 어려워하는 사람들이 많다는 것을 알고 있습니다. 물론 쉽지 않죠. 무엇보다 재료에 대한 제약이 있으니까요. 그래서 오랜 시간에 걸쳐 노력하고 고민한 레시피를 나누고자 합니다. 비건에 관심이 있는 사람들, 비건을 지향하는 사람들, 아니면 달걀, 우유, 버터를 사용하지 않은 빵과 과자를 먹어야 하는 사람들을 위해서요. 비건 베이킹은 어렵고 까다롭다고 생각하는 사람들에게 쉬운 비건 베이킹을 소개하고 싶었어요.

누구나 접시 하나쯤은 가지고 있죠. 모든 이들의 접시에 한번쯤 비건 빵과 디저트를 담을 수 있게 만드는 책이 되기를 바라며 '비건 빵은 맛없다'는 편견을 깨고 '비건 빵도 맛있다'는 분들이 많아졌으면 하는 저의 소망이 독자들에게 고스란히 전달되면 좋겠습니다.

시누이와 올케 관계에 그치지 않고 우리가 하는 비건 요리에 자부심을 가지고 성장하기 위해 함께 고민한 동료로서 하니 선생님과 함께 비건 요리책을 펴내게 되어 기쁩니다.

이른 아침 일찍 유치원에 맡겨야 하는 바쁜 엄마를 이해해주는 대견한 딸 클로에, 사랑하는 남편 줄리앙, 그리고 부모님과 프랑스에 계시는 시부모님, 늘 고맙고 감사합니다.

이현경 Hany

그리운 어린 시절은 늘 자연과 함께였습니다. 샐비어 꽃잎을 빨아 먹던 순간, 할머니의 작은 텃밭에서 깻잎을 따서 요리하던 시간, 아빠와 함께 손과 얼굴이 까매지도록 산속의 오디를 따 먹던 기억들이죠. 제가 자연에서 누려온 기쁨을 우리 아이들도 느끼며 살았으면 좋겠다는 바람을 담아 비건 요리를 만듭니다. 비록 예술가는 아니지만 여행에서 먹었던 음식의 맛과 느낌을 녹여내고, 좋아하는 그림의 색을 한 그릇 안에 담으며 추상적인 감정을 레시피로 구현하는 작업을 즐깁니다.

중국 유학 시절 갑자기 생긴 여드름 때문에 20대의 제 모습은 우울했고, 고통스러웠습니다. 하지만 그로 인해 자연식물식에 대해 알게 되고 비건 요리를 하는 오늘이 왔습니다. 치밀한 계획을 세우거나 예측한 대로 걸어온 삶은 아니지만 가슴에 그려온 길을 따라 지금이 만들어졌다고 믿습니다.

어릴 적 누군가를 위해 선물을 고르던 설렘이 좋아 선물가게 주인이 되고 싶었던 꼬마는 음식을 선물하는 사람이 됐습니다. 선생님이 되고 싶었던 장래 희망대로 요리를 가르치는 일을 합니다. 나의 생각이 담긴 책을 만들고 싶다는 막연한 바람이 비건 요리책을 내는 오늘을 만들었습니다. 지금, 또 다른 꿈을 꿉니다. 모든 카페에 비건 음료와 브런치 메뉴가 생기기를, 술집에는 비건 안주가 생기기를 바라며 메뉴를 만들고 수업을 합니다. 또한 "비건 요리는 맛없어" "나는 고기를 좋아하니 비건은 관심 없어"라는 편견 없이 '모두의 비건 요리'를 만드는 길에 이 책이 함께했으면 좋겠습니다. 다양한 음식을 맛본다는 생각으로, 자연을 담은 한 상을 차린다는 마음으로, 책 속 요리와 디저트를 만들어보시길 바랍니다. 책 속 레시피 그대로 만들어본 뒤 새로운 재료를 조합해 각자의 아이디어를 담은 레시피를 만들며 요리의 즐거움을 발견해보시길 기대합니다.

마지막으로 시누이, 올케의 인연으로 시작해 같은 일을 하는 특별한 관계인 레아쌤, 믿음으로 수업을 함께해준 수강생과 촬영을 도와준 선생님, 비건 지향적인 길을 가는 동반자로서 동행해주셔서 감사합니다. 그리고 엄마의 채소 음식을 맛있게 먹어주는 요리를 좋아하는 딸 양다인과 양수인, 사랑합니다.

0
비건 요리를 시작하기 전
LESSON

망원동 한적한 골목에 자리잡은 카페 '르봉땅'은 일부러 찾아오는 손님이 대부분인 사랑방 같은 공간이었습니다. 육아를 병행하는 힘든 스케줄이었지만, 우리가 만든 음식과 디저트를 맛보고 "비건인지 모를 정도로 맛있어요"라는 한마디에 중독이라도 된 것처럼 열정적인 시간을 보냈어요.

다정한 부모님과 딸이 함께 방문했던 비건 가족, 강남에서 자전거를 타고 방문한 중년의 손님, 키다리 아저씨와 빨간 머리 앤 같은 다정한 커플 등 많은 분들이 함께했습니다. 그날의 따뜻한 시간이 더욱 맛있고 건강한 비건 요리를 만들 수 있도록 우리의 오늘을 이끌었어요.

비건은 아니지만 관심이 있어서, 혹은 골목길을 거닐다 우연히 들어온 분들도 있었습니다. 그들과의 대화는 일방적으로 비건의 가치관만을 고수하는 것이 아닌, 비건 지향적인 삶을 나누는 '모두를 위한 비건'의 방향을 제시해줬습니다. 시대적 유행이나 다이어트, 또는 이념만을 위한 힘겨운 실천이 아닌 맛있게 즐기고 자연스럽게 실천하는 비거니즘의 밑거름이 되기를 바라는 마음을 담아 비건 요리를 시작하기 전에 알아두면 좋은 내용을 정리했습니다.

비건이란?

'비건'이면 육류, 유제품 같은 동물성 식재료를 먹을 수 없으니 '풀'만 먹어야 할 것 같지만 생각해 보면 요리에는 다양한 식재료가 사용됩니다. 곡물, 콩류, 채소, 과일, 견과류, 씨앗류, 균류(버섯), 해조류 등 자연이 주는 다양한 재료들을 이용해 비건 요리와 베이킹을 할 수 있어요. 우리가 먹는 한식도 채식을 바탕으로 한 식사이기 때문에 평소 인식하지 않았던 나물류를 비롯해 떡과 한과 같은 디저트 또한 비건 요리라고 할 수 있죠. 동물성 재료를 사용하지 않으면 맛과 영양이 제한될 것이라는 편견을 없앤다면 더욱 다채로운 음식을 경험할 수 있을 거에요.

비건은 동물 권익을 위한 운동에서 시작됐지만 최근에는 공장형 축산업에 의한 환경 파괴를 막고자 하는 환경운동가와 알레르기 때문에 식품을 제한해야 하거나 건강상 식생활 개선을 필요로 하는 사람들이 함께하며 지속가능한 삶을 위한 비건 정신이 새롭게 정립되고 있습니다.

비건 | 동물성 식품을 먹지 않고 동물로 만든 제품을 사용하지 않는 엄격한 채식과 생활 습관을 추구한다. 꿀과 트러플오일 등 동물을 착취해서 얻은 식품은 물론, 동물원과 수족관 관람 같은 동물 착취 상품과 제도에도 반대한다.

베지테리언 | 식물성 식재료 위주의 식생활을 하는 사람을 포괄적으로 표현하는 단어다. 동물성 식재료의 허용 범위에 따라 다양한 명칭이 있다.

프루테리언 | 비건보다 더 엄격한 채식의 형태로 식물도 생명체라는 신념으로 식물의 뿌리와 잎을 제외한 과일과 곡식, 견과류, 씨앗류만을 먹는다.

락토베지테리언 | 육류, 가금류, 어패류, 난류를 제외하고 유제품(우유, 치즈 등)을 포함한 채식을 한다.

오보베지테리언 | 육류, 가금류, 어패류, 유제품을 제외하고 난류(달걀, 오리알 등)를 포함한 채식을 한다.

락토오보베지테리언 | 육류, 가금류, 어패류를 제외하고 난류, 유제품을 포함한 채식을 한다.

페스코베지테리언 | 육류, 가금류를 제외하고 어패류(멸치, 조개 등), 난류, 유제품을 포함한 채식을 한다.

폴로베지테리언 | 붉은 고기를 제외하고 가금류(닭, 오리고기 등), 어패류, 난류, 유제품을 포함한 채식을 한다.

플렉시테리언 | 채식 위주의 식생활을 하지만 외식과 사회 생활의 어려움 등의 이유로 상황에 따라 육식을 하는 준채식인을 말한다.

비건이 먹을 수 있는 재료

곡물 | 현미, 흑미, 율무, 퀴노아, 팥, 귀리 등
과채 | 오이, 주키니, 애호박, 양배추, 방울양배추, 옥수수, 토마토, 방울토마토, 아스파라거스, 가지, 고추, 파프리카 등
콩류 | 병아리콩, 렌틸콩, 완두콩, 줄기콩, 검은콩 등
근채 | 마늘, 무, 래디시, 비트, 당근, 연근, 마, 대파, 우엉, 도라지, 감자, 고구마 등
엽채 | 미나리, 참나물, 고구마 줄기, 양파, 적양파, 샬롯, 치커리, 적치커리, 로메인, 셀러리, 어린잎 채소, 양상추, 케일, 시금치 등
허브 | 바질, 애플민트, 고수, 딜, 루콜라, 와일드루콜라, 오레가노, 로즈메리, 완두순, 이탈리안 파슬리 등
과일 | 사과, 딸기, 산딸기, 블루베리, 망고, 아보카도, 청포도, 파인애플, 키위 등
견과 | 캐슈너트, 마카다미아, 호두, 피스타치오, 피칸 등
씨앗 | 아몬드, 호박씨, 해바라기씨, 바질시드, 햄프시드 등
균류(버섯) | 느타리버섯, 표고버섯, 양송이버섯, 만가닥버섯, 팽이버섯, 목이버섯 등
해조 | 다시마, 김 등
가루 | 박력분, 강력분, 통밀가루, 쌀가루, 박력 쌀가루, 강력 쌀가루, 현미가루, 아몬드가루 등
비건 가공식품 | 비건 모차렐라, 비건 파르메산, 비건 버터, 템페, 두유 등
빵 | 바게트, 캉파뉴, 치아바타, 포카치아, 쌀식빵 등
파스타 | 통밀스파게티, 푸실리, 리가토니 등
기름 | 포도씨유, 현미유, 코코넛오일, 올리브유, 참기름, 들기름 등
가공식품 | 소금, 국간장, 진간장, 케첩, 머스터드, 스리라차, 레몬청, 유자청, 생강청, 원당(비정제), 메이플시럽, 아가베시럽, 조청, 식초, 발사믹식초, 화이트와인식초 등

비건이 먹을 수 없는 재료

동물성 식재료 | 육류, 가금류, 해산물, 어패류, 난류, 유제품 등
기타 | 가공과 조리 과정에서 동물성 성분이 함유된 제품, 비타민 D3, 카세인산나트륨, 난백분, 겔화제, 정제 소금, 부레풀, 젤라틴, L시스테인, 코치닐, GMO식품

비건을 위한 재료

맛있는 음식을 만드는 데 있어 가장 중요한 것을 꼽는다면 좋은 재료와 요리하는 사람의 실력이라고 생각합니다. 그렇기에 식재료를 잘 고른다면 반은 성공한 것이라 할 수 있어요. 맛있는 비건 요리를 위한 재료를 알아보고 취향에 맞는 재료를 선택해보세요.

곡물, 콩, 견과, 씨앗

호두 | 딱딱한 껍질의 견과류로 불포화지방산이 풍부하고 두뇌 건강과 피부에 좋다. 지방 함량이 높아 껍질을 제거하면 빠르게 산패되므로 밀폐 용기에 담아 냉장 또는 냉동 보관한다. 고소한 맛이 있어 비건 페스토, 너트버터에 사용하고 비건 그래놀라와 쿠키, 케이크 등의 재료로도 사용한다.

피칸 | 호두보다 좀 더 길고 얇은 모양이라 베이킹 장식으로 사용하면 예쁘다. 고소하면서 단맛이 있다. 향이 좋아 그래놀라, 케이크, 파이 등 베이킹에 자주 사용한다.

캐슈너트 | 부드럽고 고소해서 비건 우유, 너트버터, 크림, 치즈 등에 다양하게 사용한다. 이물질이 없고 알맹이가 온전한 것을 고른다.

귀리 | 단백질이 쌀보다 2배나 풍부하고, 칼슘이 현미보다 4배 더 풍부하다. 지방질과 섬유소 또한 현미보다 풍부하고 다당류의 일종인 베타글루칸이 다량 함유돼 있다. 국산 귀리는 모양이 길쭉하고 통통하며 잘 건조한 것을 고른다. 귀리의 가공품인 오트밀은 압착, 퀵쿠킹, 스틸컷 등 용도에 맞게 구입한다. 통귀리는 밥을 지을 때 함께 넣고, 가공 오트밀은 오버나이트 오트밀, 포리지 같은 간편식을 만들거나 그래놀라, 쿠키 등의 비건 베이킹 재료로 사용한다.

병아리콩 | 병아리 부리와 닮은 콩으로 콩류 중 콜레스테롤 저하 기능이 가장 좋다. 고소하고 단맛이 풍부해 삶거나 튀기는 등 다양한 조리법으로 수프와 샐러드, 딥 등에 사용한다. 이물질이나 흠집이 없는 것을 고른다.

아몬드 | 아몬드나무의 열매 속에 있는 씨앗으로 불포화지방산이 풍부해 피부에 좋고 비타민 E가 함유돼 있어 노화를 예방한다. 붉은 갈색을 띠며 표면에 윤기가 나고 기름 냄새가 없는 것을 고른다. 비건 바질페스토에 사용하면 고소한 맛을 내고 샐러드와 그래놀라, 쿠키 재료로 사용한다.

렌틸콩 | 렌즈 모양을 닮아 렌즈콩이라고도 부른다. 단백질과 식이섬유는 풍부한 반면 지방은 적다. 특히 렌틸콩 1컵에는 임신부의 필수 영양소인 엽산이 하루 권장량의 90% 정도 함유돼 있

다. 고소하고 부드러운 레드 렌틸은 밥, 수프, 비건 버거 패티, 카레에 사용하고 단단한 그린 렌틸은 샐러드 등의 요리에 적합하다. 이물질이 없고 깨지지 않은 것을 고른다.

흑미(흑미, 찰흑미) | 현미로 도정해 영양가가 높고 안토시아닌이 풍부해 체지방 및 대사증후군을 감소시키고 지방간을 억제한다. 백미보다 라이신이 많이 함유돼 있다. 윤기가 있고 가루가 많이 생기지 않은 것을 고른다.

퀴노아 | 슈퍼푸드로 각광받는 글루텐 프리 곡물로 글루텐에 예민한 사람이나 밀가루를 잘 소화시키지 못하는 사람에게 적합하다. 고단백에 9가지 필수 아미노산이 골고루 포함돼 있다. 밥을 지을 때 넣기도 하고 샐러드에 곁들이거나 비건 버거 패티의 재료로 사용한다.

율무 | 율무는 칼륨 함량이 높고 부종을 없애주고 소화 기능을 촉진해 수분 대사가 원활하도록 돕는다. 전체적으로 윤기를 띠며 연갈색에 씨눈이 붙어 있는 것을 고른다. 샐러드에 곁들이거나 밥에 넣기도 하고 가루를 내 죽이나 떡을 만들기도 한다.

땅콩 | 견과류보다 협과(콩과의 식물에 달린 열매)에 가까운 식물로 적은 양으로 양질의 단백질을 섭취할 수 있다. 올레인산, 리놀산, 불포화지방산이 풍부해 혈관계 질환에 도움이 된다. 땅콩 껍질에는 폴리페놀과 항산화 성분이 다량 함유돼 있어 껍질째 먹어도 좋다.

마카다미아 | 전 세계 생산량의 90% 정도가 하와이에서 나온다. 단단한 껍질 안에 든 부드러우면서 아삭한 식감의 열매로 초콜릿, 아이스크림, 너트버터 등 베이킹 재료로도 사용한다.

현미(현미, 찰현미) | 현미는 벼에서 왕겨만을 제거한 쌀을 말한다. 백미에는 없는 쌀겨와 배아의 영양소가 들어 있다. 쌀알 모양이 살아 있으며 입자가 고른 것이 좋다. 찰현미는 찰기가 있어 현미와 함께 조리하면 좀 더 부드럽고 주먹밥을 만들 때 모양이 흐트러지지 않는다.

깨(참깨, 검은깨) | 고소한 맛과 향이 있어 떡, 베이킹 재료로 많이 사용된다. 볶아서 차로 끓여 먹기도 하고 압착해서 기름을 내기도 한다.

부드러운 채소, 버섯

아스파라거스 | 실리카를 많이 함유해 모발에 좋고 칼슘, 인, 칼륨 등 무기질과 섬유질이 풍부해 콜레스테롤을 낮추는 효과가 있다. 진한 녹색에 줄기가 연하고 굵은 것을 고른다. 줄기 아래쪽 질긴 부분은 벗기고 먹는 것이 좋다. 볶음, 수프, 피클 같은 요리는 물론 맛과 색, 모양이 예뻐 식사 대용으로 좋은 비건 베이킹 재료로 사용한다.

애호박 | 애호박은 사계절 손쉽게 구할 수 있지만 여름 애호박이 가장 달다. 또한 치매 예방과 두뇌 발달에 좋은 레시틴이 풍부하다. 광택이 있는 선명한 연녹색에 흠집이 없고 꼭지가 싱싱한 것

을 고른다. 잘랐을 때 씨앗이 너무 크거나 누런색을 띠는 것은 오래된 것이다. 나물, 볶음, 찌개, 전 같은 한식은 물론 누들, 샐러드 같은 서양 요리와 비건 머핀이나 파운드케이크 재료로 사용한다.

토마토 | 영양 과잉 시대에 적합한 여름 보양식인 토마토는 당분 걱정 없이 먹을 수 있다. 잘 익은 붉은 토마토는 노화의 원인인 활성산소를 배출시키는 라이코펜이 다량 함유돼 있다. 짙은 붉은색에 신선한 초록 꼭지의 완숙토마토를 구입해 실온에서 보관한다. 그대로 갈거나 볶아 먹기도 하지만 케첩, 페이스트, 소스 등 다양한 형태로 만들어 요리에 사용한다.

줄기콩 | 긴 줄기 모양으로 그린빈, 껍질콩이라 부른다. 열량은 낮으면서 비타민과 섬유소는 풍부하다. 연하고 아삭해 껍질까지 먹는 콩으로 소금물에 데치거나 볶아서 샐러드 또는 볶음 요리에 사용한다. 선명한 초록빛에 쉽게 부러지는 것이 신선하다.

방울양배추 | 작지만 영양이 풍부하다. 선명한 녹색에 잎이 촘촘히 붙어 있는 것을 고르며 작을수록 단맛이 강하다. 예쁜 모양 덕분에 피클, 리소토, 볶음, 구이 등 다양한 요리에 사용한다.

완두콩 | 단백질과 식이섬유가 풍부해 다이어트에 좋다. 껍질째 삶아 분리하면 더욱 풍부한 맛과 향을 느낄 수 있다. 풋내가 나지 않도록 소금을 넣어 삶는다. 서양에서는 민트와 함께 스프레드, 샐러드, 수프에 사용한다. 동글동글 귀여운 모양과 예쁜 초록빛이라 떡이나 밥에 넣기도 하고 볶음이나 조림에 넣는다. 짙은 녹색에 깍지를 눌렀을 때 단단하고 탄력 있는 것을 고른다.

표고버섯 | 예로부터 불로장생의 묘약으로 여겨지는 버섯으로 기운을 돋우고 식욕을 증진시키고 위장을 튼튼하게 만든다. 말리면 향과 영양성분이 증가되고 조리하면 특유의 감칠맛이 강해져 볶음, 찜, 전, 튀김 등의 재료로 사용한다. 갓이 도톰하고 통통한 것을 구입한다.

오이 | 오이의 95%는 수분이 함유돼 있고 시원하면서 아삭해서 갈증 해소와 노폐물 배출에 탁월한 효과가 있다. 꼭지가 마르지 않고 껍질에 돌기가 많고 색이 선명한 것이 신선한 오이다. 너무 굵은 오이는 씨가 많으므로 일정한 두께와 곧은 모양을 고른다. 채소 스틱, 누들, 무침처럼 주로 생으로 먹지만 볶거나 음료의 베이스로 만들어 먹어도 별미다.

청고추 | 완전히 익지 않은 상태의 고추로 주로 생식용으로 쓰인다. 짙은 녹색에 크기가 균일하고 매끈하고 두꺼운 것은 매운맛이 강하고, 부드러운 것은 덜 맵다. 요리에 곁들이면 깔끔한 매운맛이 요리의 완성도를 높여준다.

홍고추 | 홍고추에 많은 비타민 A는 열에 안정적이고 지용성이라 조림과 볶음에 적합하다. 크기가 일정하고 매끈하면서 윤기가 나는 것이 좋다. 꼭지와 씨가 검게 변하지 않은 것이 신선하다. 요리의 고명으로 많이 사용되며 홍고추페스토나 발효액을 만들어 요리의 부재료로 사용하면 특별한 맛을 낼 수 있다.

양송이버섯 | 서양 요리에 많이 사용되는 버섯으로 섬유소와 수분이 풍부하고 칼로리가 낮아

포만감을 준다. 갓이 너무 피지 않고 갓과 자루를 연결하는 피막이 터지지 않은 것을 고른다. 기둥 밑을 자르고 갓 아래에서 위로 당기듯이 껍질을 제거하거나 면포로 이물질을 닦아낸 뒤 사용한다. 수프, 볶음, 덮밥은 물론 모양이 작고 예뻐 핑거푸드로 만들어도 좋다.

방울토마토 | 토마토보다 작고 당도가 높아 샐러드 또는 장식으로 사용한다. 겉이 무르지 않고 단단한 것, 꼭지가 신선하게 붙어 있는 것이 좋다. 청으로 담가 바질과 함께 에이드를 만들기도 하고 올리브유를 둘러 살짝 볶기만 해도 훌륭한 요리가 된다.

미니 파프리카 | 열대 아메리카가 산지인 고추 품종의 하나로 일반 파프리카의 ¼ 크기다. 베타카로틴과 비타민 C 등의 영양성분이 일반 파프리카보다 3배 정도 풍부하고 단맛이 높아 샐러드 등에 많이 사용한다. 모양을 살려 피클이나 절임, 속을 채운 구이 요리 등에 사용해도 좋다.

가지 | 저열량 고식이 채소로 다이어트에 적합하다. 식물성 기름에 구워 양념하면 물컹한 식감 없이 쫀득하게 먹을 수 있다. 또한 리놀레산과 비타민 E를 효과적으로 섭취할 수 있다.

단단한 채소

연근 | 연근은 연의 뿌리 부분으로 전, 볶음, 조림, 정과 등 다양하게 활용한다. 한의학적으로는 심장의 열을 내리고 심신 안정의 효과가 있는데 몸이 차거나 소화가 잘 안 되는 사람은 마늘, 생강과 함께 익혀서 먹는 것이 좋다. 상처가 없고 색상이 고른 것, 잘랐을 때 구멍의 크기가 일정하며 검은 줄무늬가 없는 것이 좋다.

비트 | 붉은색을 띠는 비트는 베타인이라는 성분이 들어 있어 세포 손상의 억제와 항산화 작용을 한다. 표면이 둥글고 매끄러우면서 흙이 묻어 있는 것을 고른다. 삶거나 구워 샐러드, 수프를 만들면 달콤하고 부드러운 요리를 만들 수 있고 생으로 얇게 썰어 사과와 함께 산뜻한 샐러드를 만들기도 한다. 위가 약한 사람에게는 부담을 줄 수 있으므로 한번에 너무 많이 섭취하지 않도록 주의한다.

고구마 | 감자보다 당질과 비타민 C가 풍부하다. 주로 굽거나 쪄서 간식으로 먹고 줄기는 무침, 김치 등 반찬으로 먹는다. 가을 채소지만 신문지에 싸서 서늘한 곳에 저장하면 단맛이 올라와 오랫동안 즐길 수 있다. 상처 없이 매끈하면서 단단하고 묵직한 것을 고른다.

샬롯 | 일반 양파의 ¼ 크기라 '미니 양파'라고도 부르며 다량의 항산화 물질, 비타민 등이 함유돼 있다. 크기는 작지만 단단하고 단맛이 강해서 구워 먹거나 피클 재료로 사용하면 좋다. 단단하고 축축하지 않으면서 선명한 갈색에 껍질이 부드러운 것을 고른다.

미니 당근 | 일반 당근을 축소한 모양으로 한입 크기다. 예쁜 모양 덕분에 피클, 샐러드, 장식으로

많이 사용한다. 주로 줄기와 잎이 함께 판매되므로 줄기와 잎은 버리지 말고 페스토를 만들거나 장식으로 활용해 보자.

우엉 | 항균, 항진 효과가 뛰어난 탄닌이 다량 함유돼 있어 독소 배출, 붓기 제거, 염증 제거에 효과가 있다. 껍질에 상처와 수염뿌리가 없으면서 매끈하고 바람이 들지 않은 것을 고른다. 껍질을 채소 솔로 문지르거나 칼등으로 제거해 조리한다. 우엉을 채수에 넣으면 감칠맛이 두드러지고 얇게 채 썰어서 말린 뒤 덖으면 차로도 마실 수 있다.

감자 | 쌀, 밀, 옥수수와 더불어 '세계 4대 식량 작물'이다. 메마른 땅에서도 잘 자라고 탄수화물이 풍부한 대표적인 구황작물이다. 들었을 때 묵직하고 표면이 매끄럽고 단단한 것이 좋다. 싹이 나거나 푸른빛으로 변하면 솔라닌이란 독성이 생기므로 먹지 않는다. 신문지에 감싸 직사광선을 피하고 바람이 잘 통하는 곳에 보관한다. 샐러드, 샌드위치, 수프, 튀김 같은 서양 요리는 물론 감자전, 감자옹심이, 감자조림 등 다양한 한식에도 사용한다.

마 | 뮤신이라는 점액질 성분이 풍부해 위를 보호해주고 소화 촉진 효소인 아밀라아제 또한 풍부하다. 잔뿌리가 많지 않고 매끈하면서 두께가 일정하고 묵직한 것을 고른다. 생으로 먹었을 때 효능이 좋으나 특유의 식감이 싫다면 살짝 데치거나 쪄서 먹어보자. 비건 베이킹에서는 달걀의 점성을 대신하는 재료로도 사용한다.

잎채소, 허브

고수 | 실란트로, 코리앤더로도 부르는 고수는 씨앗, 뿌리, 줄기, 잎 모두 사용하는 채소다. 간 기능 장애 개선, 염증 완화에 효과적이다. 향이 풍부하며 잎과 줄기가 부드럽고 연한 녹색을 띠는 것을 고른다. 고수 특유의 향을 싫어하는 사람도 있으나 동남아 음식의 인기와 함께 고수를 곁들인 쌀국수, 볶음 국수는 물론 고수로 만든 김치, 무침, 파스타 등 다양한 요리에 활용된다.

참나물 | 특유의 맛과 향을 지닌 산나물로 베타카로틴이 특히 많이 함유돼 있다. 데쳐서 먹거나 쌈을 싸서 먹기도 하고 국이나 전을 만들어도 맛있다. 연한 잎은 샐러드나 겉절이 등을 만들어 생으로 먹어도 좋다. 짙은 녹색을 띠면서 시들지 않은 신선한 잎을 고른다.

루콜라 | 쌉쌀하면서 매콤한 맛과 향이 있어 샌드위치, 피자, 샐러드, 볶음에 사용한다. 비타민과 미네랄이 풍부해 피로 회복, 피부 미용에 좋다. 연하고 잎이 마르지 않은 것을 고른다.

어린잎 채소 | 성장에 필요한 영양소를 많이 만들 시기에 수확한 채소로 '베이비 채소'로도 부른다. 연하고 부드러운 식감에 떫은맛이 없고 별도의 손질 없이 세척 후 바로 사용이 가능해 토핑, 샐러드 등에 많이 사용한다. 청경채, 적청경채, 치커리, 비트잎, 적양무, 경수채, 롤라로사 등의 어

린잎을 사용한다.

로즈메리 | 스트레스 완화와 집중력 향상에 탁월한 효과가 있는 허브로 차로 마시거나 요리의 잡내를 제거하는데 사용하며 베이킹에서는 반죽과 섞거나 장식으로 활용한다. 로즈메리는 꽃도 먹을 수 있어서 샐러드에 뿌리거나 스프레드나 드레싱에 포인트로 사용한다.

딜 | 고대 바이킹족 언어로 '진정시키다', '달래다'란 뜻을 가진 허브로 스트레스, 소화 불량, 복통을 완화하는 효과가 있다. 부드럽고 상쾌한 향이 있어 드레싱과 요리에 많이 사용된다.

바질 | 인도가 원산지이며 비만과 노화 방지, 소화 촉진, 이뇨 작용 등의 효능이 있는 허브다. 깊고 복합적인 향이라 토마토, 가지, 마늘, 올리브유와 잘 어울리고 큰 잎은 향이 더 강하다. 냉해에 약하니 신문지로 감싸 건조하고 서늘한 상온에 보관한다. 검게 변하지 않은 것을 사용한다.

타임 | 백리향이라고 부르는 타임은 소나무 향을 닮은 듯한 향이 100리 밖까지 퍼진다고 해서 붙여진 이름이다. 살균 작용이 뛰어나 약용으로 쓰이기도 하며 감기에 걸렸을 때 차로 마시기도 한다. 요리에는 주로 마리네이드로 사용하며 베이킹에서는 반죽에 섞거나 장식용으로 사용한다. 줄기가 짧고 잎이 타원형인 것을 고른다.

애플민트 | 사과와 박하의 향이 섞인 허브다. 차로 만들어 마시면 소화와 피로 회복에 좋고 모양이 예뻐서 디저트나 음료에 많이 사용한다.

로메인 | 쓴맛이 적고 아삭해서 샐러드와 샌드위치에 주로 사용한다. 적로메인, 청로메인, 미니 로메인이 대표적이고 윤기 있고 색이 선명하며 검은 점 없이 도톰한 것을 고른다.

과일

청포도 | 단맛과 신맛이 함께 있으며 껍질이 얇다. 알맹이가 균일하게 달려 있고 꼭지가 신선한 것을 고른다. 꼭지부터 익기 시작해 아랫부분이 가장 당도가 낮으므로 송이 끝을 맛보고 단 것을 구입한다. 그대로 먹어도 좋지만 스무디나 샐러드를 만들거나 케이크에 올리면 장식적인 효과까지 낼 수 있다.

바나나 | 항산화 작용이 뛰어나고 피부에 좋은 바나나는 대표적인 열대 과일로 우리에게 친숙한 과일이다. 비건 베이킹에서는 달걀을 대체하는 재료 중 하나다. 잘 후숙시킨 바나나를 반죽에 넣어 묵직하고 촉촉한 식감을 표현한다.

아보카도 | 당분 함량이 낮고 비타민과 미네랄이 풍부한 과일이다. 껍질 색이 진녹색이며 표면에 단단하게 굳은 부분이 없는 매끄러운 것을 고른다. 부드러운 식감과 고소한 맛으로 부리토나

타코, 덮밥, 샐러드, 비건 베이킹 등의 재료로 사용한다.

라임 | 새콤달콤한 라임은 레몬과는 또 다른 산뜻한 향이 있다. 껍질이 마르지 않고 묵직하고 단단하면서 진한 녹색을 띠는 것을 고른다. 신선한 라임은 과즙과 향이 풍부하다. 주로 동남아와 멕시코풍의 음식에 사용해 고수와 잘 어울리고 모히토, 셔벗에 민트와 함께 넣는다.

망고 | 부드럽고 달콤한 망고는 생으로도 먹지만 정과, 잼, 퓨레 등으로도 가공되고 주스, 빙수, 푸딩, 케이크, 아이스크림, 샐러드 등 다양한 레시피에 활용한다. 표면이 매끄럽고 검게 무르지 않은 것을 고른다.

딸기 | 100g당 80mg의 비타민이 들어 있어 과일 중 비타민 함량이 가장 높다. 신진대사를 활성화시키고 피부 노화를 예방한다. 딸기는 생으로 먹기도 하지만 새콤달콤한 맛과 예쁜 색 덕분에 음료를 만들거나 샐러드, 드레싱, 베이킹 재료로 많이 사용한다. 꼭지가 선명한 녹색이며 겉면에 솜털이 있고 윤기가 나며 향이 달콤한 것을 고른다.

레몬 | 레몬은 90%가 수분으로 이루어져 있으며 비타민 C가 풍부해 피로 회복 및 피부에 좋다. 껍질이 윤기가 나며 전체적으로 모양이 둥글고 향이 진한 것을 고른다. 새콤하고 산뜻한 맛으로 샐러드 드레싱에 많이 사용하며 콩포트와 음료에 넣어 단맛에 균형을 주고 저장성을 높이는 역할을 한다. 레몬 껍질은 색도 예쁘고 향도 좋아서 디저트 장식으로 많이 사용한다.

키위 | 섬유질, 식이섬유, 엽산이 풍부해 면역력을 증진시키는 데 좋다. 달콤한 맛이 있어 혈당지수가 높은 과일이라고 오해하기 쉽지만 혈당이 낮은 대표적인 과일이다. 8~10월이 제철이며 겉면이 매끈하고 상처가 없는 것을 고른다. 스무디로 만들거나 애플민트와 함께 과일살사로 만들어도 좋다.

산딸기 | 《동의보감》에 산딸기는 기운을 보충하고 몸을 가볍고 밝게 한다는 기록이 있다. 윤기가 흐르고 광택이 나며 단단한 것을 고른다. 검붉은색이 더 달다. 과육에 수분이 많고 물러서 곰팡이가 피기 쉬우니 씻지 않은 상태로 물기 없이 보관한다. 과일타르트나 무스케이크에 올리면 고급스러운 디저트를 연출할 수 있다.

블루베리 | 영양소가 풍부한 과일로 항산화 작용, 시력 개선, 혈관 보호 등의 효과가 있다. 생과 그대로 먹기도 하고 콩포트, 스무디 등의 재료로 많이 사용한다. 선명하고 진한 보라색을 띠며 표면에 흰 가루가 균일하게 묻어 있는 것을 고른다. 작고 동그란 모양이 예뻐 디저트 장식 또는 샐러드에 곁들여 먹어도 좋다.

비건 가공품

비건 초콜릿 | 칼리바우트 다크초콜릿, 발로나 다크초콜릿, 발로나 인스피레이션은 유제품이 섞여 있지 않은 대표적인 비건 초콜릿이다. 카카오 함량에 따라 다크초콜릿도 100%, 80%, 70%, 57% 등으로 나뉜다. 유자가 들어간 발로나 인스피레이션은 천연 유자의 맛을 그대로 살린 초콜릿으로 비건 초콜릿 중 유일하게 화이트 초콜릿 같은 역할을 한다.

채식카레 | 일반 카레는 비건 재료일 것 같지만 탈지분유나 육류맛 시즈닝, 동물성 유지, 꿀이 포함돼 있다. 카레는 성분을 꼼꼼하게 확인해야 하는 비건 재료 중 하나다. 채식카레는 이런 성분이 없는 분말 카레다. 카레 맛 요리와 반죽에 넣어 맛을 살린다.

파르메산 | 쌀가루, 코코넛오일, 아몬드가루로 만든 가공 치즈로 치즈를 먹을 수 없는 비건들의 후각과 미각을 채워준다. 우리나라에서 정식 유통되는 상품이 아니므로 직구를 통해 구해야 한다. 이 책에서는 자칫 밋밋할 수 있는 시금치선드라이드스콘의 맛을 한층 돋우는 역할을 한다.

피넛버터 | 피넛버터는 첨가물에 따라 무척 종류가 다양하다. 책에서 사용한 것은 첨가물이 없으며 100% 땅콩으로 만들었다. 피넛버터는 스무스한 것과 크런키한 것이 있는데 요리에 따라 선택하면 된다. 비건 베이킹에서는 종종 버터 대신 사용한다.

비건 버터 | 코코넛오일과 다른 식물성 오일을 블렌딩한 것으로 버터를 대체한다. 비건 버터를 고를 때는 수소나 화학물질이 첨가되지 않은 것, 순식물성 오일의 GMO 여부를 꼼꼼하게 따져야 한다.

비건 모차렐라 | 코코넛오일을 베이스로 만들었고 열을 가하면 녹는 성질이 있다. 갈아서 사용하는 블록 제품과 작은 형태로 잘려 있는 슈레드 제품이 있다. 샌드위치, 피자, 파스타 등에 사용한다.

템페 | 콩을 발효해 만든 템페는 인도네시아 전통 음식으로, 한국 사람들의 입맛을 고려해 발효 식품 특유의 향이 강하지 않은 국산콩 제품도 있다. 냉동 상태로 유통되며 자연 해동한 뒤에는 발효가 지속되므로 빠른 시일 안에 먹는다. 샌드위치, 김밥 또는 샐러드와 덮밥에 곁들여 먹으면 좋다.

식물성 우유, 기름, 식초, 가공식품

현미식초 | 국내산 현미로 자연 숙성한 제품을 고른다. 자연스러운 맛과 향으로 다양한 요리에 두루 사용한다.

발사믹식초 | 숙성시킨 포도식초로 숙성 기간이 길수록 향과 풍미가 농축된다. 레드 발사믹식초는 드레싱이나 조림에 어울리고 화이트 발사믹식초는 산뜻하고 깔끔한 맛으로 드레싱과 절임에 적합하다.

참기름(볶은 참기름, 생참기름) | 볶은 참기름은 향이 진하고 고소하다. 외국산 볶은 참깨분이 아닌 국산 통참깨를 저온압착한 제품을 구입한다. 생참기름은 통깨를 볶지 않고 그대로 짠 제품이다. 고온의 열을 가하지 않아 영양소가 풍부하고 향은 약하지만 깔끔하고 담백하다.

들기름(볶은 들기름, 생들기름) | 들기름은 나물 무침을 만들거나 묵은 산나물을 볶을 때 주로 사용한다. 냉압착해서 만든 생들기름은 특유의 고소한 향은 연하지만 들기름에 풍부한 오메가3 지방산의 손실이 적다. 들기름은 불포화지방산이 풍부해 산패되기 쉬우니 산소와의 접촉을 피하고 냉장 보관하며 개봉한 뒤에는 1달 안에 먹는 것이 좋다. 바닥에 가라앉은 물질이 많지 않고 짧은 시간 내에 먹을 수 있도록 작은 병에 든 것을 고른다.

한천가루 | 건조한 우뭇가사리를 분말 형태로 만든 것이다. 일반 베이킹의 젤라틴처럼 디저트를 응고시킬 때 사용한다. 주로 비건 푸딩, 젤리, 크림을 만들 때 사용한다.

들깻가루 | 들깻가루는 기름 성분이 많으니 적은 양을 구매하고 개봉한 뒤에는 냉장 또는 냉동 보관한다. 나물, 버섯 같은 볶음 요리는 물론 쑥국, 미역국, 된장국, 수제비 같은 국물 요리에 넣기도 하고 파스타, 리소토 같은 서양 요리에도 곁들여 구수한 맛과 향을 더한다.

두부 | 콩으로 만든 대표 가공식품인 두부는 단백질이 풍부하고 소화 흡수력이 높아 영양학적으로 우수할 뿐 아니라 고소한 맛과 손쉽게 형태를 변화시킬 수 있어 다양한 비건 요리와 베이킹에 사용한다.

아몬드밀크 | 유당이 들어 있지 않고 소화가 잘돼 비건 요리에서 우유 대신 사용한다. 요리와 베이킹을 할 때는 단맛이 첨가되지 않은 제품을 고른다. 아몬드를 8시간 정도 불리고 2~3배 정도의 물을 넣은 뒤 블렌더에 갈아 너트밀크백에 거르면 집에서도 손쉽게 만들 수 있다.

코코넛밀크 | 코코넛 과육에서 추출한 코코넛밀크는 달콤하고 부드럽다. 캔에 든 제품보다는 종이 팩에 든 것을 고른다. 사용 전에 잘 흔들어야 농도가 일정해진다. 비건 요리나 디저트를 만들 때 우유나 생크림 대신 부드럽고 크리미한 맛을 낸다. 망고, 바나나 같은 진한 단맛의 과일이나 초콜릿, 커피 같은 쌉쌀한 맛의 재료와 어울린다.

베이킹 주재료

박력 쌀가루 | 쌀가루를 곱게 간 건식 쌀가루로 주로 부드러운 식감의 과자나 크림을 만들 때 사용한다. 국내에는 유통되는 종류가 많지 않아 선택의 폭이 좁다.

베이킹파우더 | 화학팽창제로 위로 팽창시키는 성질을 가진다. 베이킹파우더를 고를 때에는 알루미늄 프리 제품을 고르는 것이 좋다.

올리브유 | 올리브 열매를 수확한 뒤 24시간 내에 압착한 엑스트라버진 올리브유는 발연점인 180℃ 이하의 요리에 적합하다. 산패되기 쉬우므로 직사광선이 없는 곳에 보관하고 개봉한 뒤 6개월 안에 사용하는 것이 좋다. 개성이 강한 맛과 향으로 베이킹에서는 짠맛이 나는 제품에 더 잘 어울린다.

포도씨유 | 냄새가 없고 발연점이 높아 다양하게 활용이 가능하다. 리놀레산, 비타민 E가 풍부하며 다른 오일들에 비해 산패가 늦고 보관이 쉽다. 과다하게 섭취하면 혈당을 높이기 때문에 당뇨병 환자는 주의가 필요하다.

현미유 | 현미를 도정할 때 나오는 쌀겨로 만든 기름으로 가벼운 향미가 있다. 발연점이 높고 맛이 깔끔해서 다양한 요리에 사용한다. 산패되기 쉬운 성질이라 서늘한 곳에 보관하고 개봉한 뒤에는 공기와의 접촉을 막고 빠른 시일 내에 사용한다.

코코넛오일 | 코코넛 열매의 과육을 건조한 뒤 압착한 식물성 오일로 24℃ 이하에서는 고체 상태를 유지한다. 버진 코코넛오일은 저온에서 압착·추출한 것으로 영양소 파괴가 적고 코코넛 특유의 향이 진하다. 정제 코코넛오일 Refined Coconut Oil은 코코넛의 맛과 향을 제거한 것으로 24℃ 이하에서 굳는 성질이 유지된다. MCT코코넛오일은 무색, 무취, 굳지 않는 성질을 가지고 있으니 각각 요리에 맞게 선택한다.

원당(비정제) | 사탕수수를 착즙·제분한 뒤 정제하지 않고 생산해 각종 비타민과 미네랄 등 영양소가 살아 있다. 색이 진하지 않고 고운 것이 요리와 베이킹에 잘 어울린다.

두유 | 유당불내증이 있는 사람들이 우유 대신 먹는 대표적인 식물성 밀크다. 콩을 주재료로 하는 두유는 다른 식물성 우유보다 단백질 함량이 높고 포만감이 있으면서 열량은 낮아 다이어트에 도움이 된다. 주로 머핀과 케이크, 크림과 푸딩을 만들 때 사용한다.

드라이이스트 | 반죽을 빠르게 발효시키고 팽창시키는 역할을 하며 생이스트를 건조시켜 수분을 증발시킨 것이다. 생이스트보다 보관이 쉽고 사용하기도 간편하다. 르뱅(천연발효종)을 이용하지 않아도 쉽게 빵을 만들 수 있게 돕는다.

강력분 | 우리나라의 밀가루는 단백질 함량에 따라 강력분, 중력분, 박력분으로 나뉜다. 그중 글루텐 함량이 13% 이상인 밀가루를 강력분이라고 하며 주로 빵을 만드는데 사용한다.

쌀가루 | 글루텐프리 가루의 대표 재료로 쌀을 빻아서 만들었다. 박력 쌀가루보다 입자가 조금 더 거칠다. 주로 과자, 케이크, 파운드케이크를 만들 때 사용한다. 밀을 다루지 않은 제조 시설에서 만든 쌀가루를 선택하고 햇빛이 들지 않는 곳에 보관한다.

통밀가루 | 쌀로 비유하면 현미와 같다. 통밀은 밀알 전체를 빻은 것으로 미네랄인 회분 함량이 밀가루보다 많고 거칠다. 혈당의 균형을 유지하고 혈당 수치 상승률인 GI가 낮아 혈압이나 당을 조심해야 하는 사람들에게 좋다. 통밀 특유의 거친 식감과 풍미가 있으므로 좀 더 부드러운 식감을 원한다면 밀가루와 섞어서 사용한다.

박력분 | 글루텐이 비교적 적게 형성되는 밀가루로 바삭한 과자나 스콘, 머핀, 케이크를 만들 때 사용한다. 서늘하고 습기가 없는 곳에 보관하거나 냉장 보관해야 변질되는 것을 막을 수 있다.

아몬드가루 | 아몬드를 가루 형태로 만든 것으로 고소하고 부드러운 식감과 풍미가 있다. 제분된 상태에 따라 거칠거나 고운 형태가 있으므로 좀 더 부드러운 식감을 원한다면 고운 가루를 선택한다. 개봉한 뒤에는 산패를 막기 위해 완전 밀봉해 냉장실이나 냉동실에 보관한다.

소금 | 단순히 짠맛을 내는 역할뿐 아니라 풍미를 더하는 재료다. 소금 없이 구운 빵은 풍미도 맛도 없다. 소금은 단맛을 돋우기도 하고, 빵의 글루텐 구조를 강화하는 역할을 하기도 한다. 수많은 종류의 소금 중 미세플라스틱 위험이 적은 게랑드소금이나 암염을 사용한다.

베이킹 부재료

조청 | 곡류를 엿기름으로 삭혀 당화시킨 뒤 오랫동안 고아서 꿀처럼 만든 것이다. 조청은 수분 함량이 20% 정도고, 엿은 10% 정도다. 당도는 설탕보다 낮고 구수한 맛과 향을 지닌다.

메이플시럽 | 단풍나무 수액을 추출해 만든 천연 시럽이다. 은은한 단맛을 내며 칼로리는 낮고 칼륨과 미네랄이 풍부하다. 디저트나 드레싱에 잘 어울린다.

아가베시럽 | 멕시코가 원산지인 용설란에서 추출한 당분을 이용해 만든 시럽으로 진한 단맛을 내며 설탕보다 칼로리와 GI(혈당수치 상승률)가 낮다.

감자전분 | 감자를 갈아서 분리한 녹말을 건조시킨 가루를 말한다. 비건 베이킹에서는 가루가 부서지는 것을 보완하는 재료로 좀 더 촉촉한 빵을 만들 수 있다.

커피가루 | 커피의 맛을 내는 인스턴트 커피가루다. 책에서 사용한 것은 브라질산 이과수 커피가루로 입자가 작고 물에 잘 녹으며 커피맛도 훌륭하게 구현한다.

쑥가루 | 우리에게 친숙한 재료인 쑥은 오래전부터 건강을 책임진 식재료 중 하나다. 몇 년 전부터 쑥으로 만든 다양한 디저트가 인기를 얻으며 베이킹에 없어서는 안 될 재료로 활용되고 있다.

파운드케이크, 머핀, 쿠키나 스콘을 만들 때 주로 사용한다. 남은 것은 밀봉해 냉동 보관한다.

녹차가루 | 말차가루와 혼용되기도 하지만 차나무를 재배하는 방식과 제조하는 과정이 다르다. 예쁜 초록의 색을 구현하고자 한다면 말차가루를 사용하고, 색이 예쁘지는 않지만 특유의 쌉싸름한 맛을 좋아한다면 녹차가루를 선택한다.

비트가루 | 뿌리채소인 비트를 가루로 만든 것으로 주로 베이킹에 사용한다. 특유의 흙 맛이나 비린 맛이 있어서 다른 재료와의 마리아주가 중요하다. 특히 열을 가하면 색이 변하는 성질이 있어서 비트즙 색이 나오지 않으니 유의해야 한다.

코코넛가루 | 코코넛 과육을 분쇄한 뒤 지방을 분리한 가루를 말한다. 섬유질이 풍부해 혈관계 질환에 좋다. 양질의 단백질이 있어 비건에게는 두유와 더불어 중요한 단백질 공급원이기도 하다. 베이킹을 할 때는 퍽퍽하고 잘 뭉치지 않아 다른 가루류와 섞어서 식감을 조절한다.

홍국쌀가루 | 모나스쿠스Monascus라는 곰팡이를 일반 쌀에 배양시켜 발효한 쌀을 가루로 만든 것으로 주로 빨간색을 낼 때 사용한다. 시중에서 판매되는 홍국쌀가루는 가격 차이가 있다. 홍국균을 배양시킨 쌀과 일반 쌀에 코팅 처리만 한 것이 혼재해 있으므로 성분 표시를 꼼꼼하게 살펴본다.

흑임자가루 | 다소 고가의 재료로 검은깨가루를 일컫는다. 참깨과에 속하는 검은깨는 깨 중 영양학적 가치가 가장 높다. '검은깨 서 말이면 황소도 이긴다'는 말이 있듯 고소함을 극대화하는 재료 중 하나다. 빵과 케이크, 쿠키를 만들 때 사용한다. 사용한 뒤에는 산화 방지를 위해 밀봉해 냉장 또는 냉동 보관한다.

슈가파우더 | 정백당을 밀가루처럼 곱게 빻은 것으로 당이 단단하게 굳는 것을 방지하기 위해 3~5% 정도의 전분이 포함됐다. 가벼운 쿠키를 만들거나 케이크나 머핀의 아이싱을 만들 때 사용한다.

카카오가루 | 카카오를 볶아서 분쇄한 뒤 압착 과정을 거쳐 카카오버터를 분리하고 남은 것을 건조·분쇄한 것이다. 당이 첨가된 가당과 첨가되지 않은 무가당이 있다. 이 책에서는 주로 무가당을 사용한다. 수분과 만나면 덩어리지는 성질이 있으므로 체 쳐서 사용한다.

시나몬가루 | 세계 3대 향신료인 시나몬가루를 흔히 계핏가루라고 생각하지만 계핏가루는 맵고 쓴맛이 나며 시나몬가루는 더 부드럽고 은은하다. 재배하는 지역에 따라 특징이 달라지는 것이다. 과자와 케이크를 만들 때는 매운맛이 덜한 시나몬가루를 사용하는 것이 좋다.

비건 요리를 도와주는 도구

다양한 조리 도구와 베이킹 용품은 요리를 좀 더 빠르고 정확하게 만들 수 있도록 도와 수고까지 덜어줍니다. 완성도 있는 비건 홈카페를 위한 도구를 소개합니다.

조리 도구

찜기 | 채소를 찔 때 사용한다. 기름기가 많은 요리는 스테인리스 소재의 찜기를 사용한다. 대나무 소재 찜기는 사용하기 전에 끓는 물에 넣었다가 말리는 전처리 작업을 3번 정도 반복한다.

푸드프로세서 | 음식을 썰고 갈고 빻을 수 있는 전자제품으로 믹서처럼 곱게 가는 것이 아니라 채소의 입자를 조절하기가 편하다. 많은 양의 너트버터, 페스토를 만들거나 비건 버거 패티 속 채소를 다질 때 사용한다.

채소 탈수기 | 잎채소를 세척한 뒤 채소 탈수기에 넣고 뚜껑을 돌리면 내부의 거름망이 돌면서 물기를 제거한다. 샌드위치나 샐러드를 만들 때는 채소의 물기를 잘 제거해야 빵이 무르지 않고 더 신선하게 보관할 수 있다.

채소 세척 솔 | 무, 당근, 연근, 마 같은 뿌리채소의 흙과 이물질을 쉽게 제거할 수 있다. 껍질을 제거하지 않고 조리할 때 사용한다. 합성섬유나 선인장으로 만든 솔을 선택한다.

제스터 | 오렌지나 레몬, 라임 등의 껍질, 즉 제스트를 얻기 위한 도구로 그라인더나 강판으로 갈았을 때보다 얇게 벗겨낼 수 있다. 주로 스테인리스 재질이다.

감자칼 | 감자나 고구마 등 단단한 채소의 껍질을 쉽게 제거할 수 있다.

채소 슬라이서 | 균일한 두께로 채소를 썰 수 있어서 당근라페, 감자채전, 무생채 등의 요리를 만들 때 편리하다. 칼날이 날카로우니 주의한다. 채소를 기계에 넣는 형태, 손잡이 채칼, 감자 필러 같은 작은 슬라이서 등 다양한 제품이 있는데 이 책에서는 고장이 적고 사용이 편한 손잡이 형태의 슬라이서를 주로 사용한다.

강판 | 소량의 감자, 무를 갈아서 요리하거나 이유식을 만들 때 유용하다. 플라스틱 재질보다는 변색과 변형이 없는 스테인리스 제품을 추천한다.

주걱 | 실리콘 재질의 주걱은 볶음 요리나 조림 요리를 할 때 팬이나 냄비의 손상 없이 조리할 수 있다. 사용 중 끈적임이 생길 때는 베이킹소다를 문질러 세척한다.

채반 | 데치거나 세척한 채소의 물기를 거를 때 사용한다. 실리콘 채반은 사용한 뒤 보관이 쉽다.

미니 믹서 | 큰 믹서에 적은 양의 재료를 갈면 손실이 크기 때문에 소량을 만들 때는 미니 믹서를 사용한다. 공간도 적게 차지해 스무디 1~2인분이나 소스를 만들 때 자주 사용한다.

베이킹 도구

체 | 가루를 곱게 체 치거나 불순물을 거를 때 사용한다. 주로 스테인리스 소재이며 구멍의 크기가 다양하니 용도에 따라 선택한다. 고운 가루는 촘촘한 체를 사용하고, 액체를 거르거나 채소나 과일을 씻을 때는 좀 더 구멍이 큰 체를 사용한다.

짜주머니 | 반죽이나 크림을 모양 내거나 틀에 넣을 때 작업이 쉬워진다. 쿠키 반죽을 만들 때, 머핀 틀에 반죽을 채울 때, 크림을 채워 장식을 할 때 사용한다. 일회용과 세척해서 사용하는 다회용이 있는데 위생상 주로 일회용 짜주머니를 사용하지만 환경에 대한 이슈로 세척해서 사용할 수 있는 짜주머니에 대한 관심이 높아지고 있다.

계량컵 | 플라스틱, 스테인리스, 유리 등 다양한 재질의 계량컵이 있다. 1컵은 200ml이며 액체 재료를 더 편리하고 신속하게 계량하는 데 사용한다. 많은 양을 계량할 때는 유리 재질을, 적은 양을 계량할 때는 스테인리스 재질을 추천한다. 플라스틱은 환경호르몬 때문에 피하는 것이 좋다.

계량스푼 | 저울에 따라 인식하는 무게의 단위가 다르므로 적은 양의 재료를 계량할 때는 계량스푼을 사용한다. 플라스틱, 나무, 스테인리스 재질이 있으며 깨끗하게 세척할 수 있고 반영구적으로 사용할 수 있는 스테인리스 재질을 추천한다.

실리콘 베이킹매트 | 실리콘 코팅이 돼 있어 반죽을 할 때 잘 붙지 않고 테프론시트보다 견고해 빵과 쿠키를 구울 때 오븐 팬이 상하지 않는다. 오븐 팬의 크기에 따라 고르면 된다.

실리콘 브러시 | 시럽이나 아이싱을 바를 때 사용하며 세척과 관리가 간편하다. 요리에 사용하는 브러시는 보통 베이킹용보다 크기 때문에 용도와 쓰임에 맞게 선택한다.

실리콘 주걱 | 재료를 대강 섞거나 볼 안의 재료를 손실 없이 긁기 위해 사용한다. 작은 것은 재료를 꼼꼼하게 다룰 때 사용하고 큰 것은 반죽이나 재료의 양이 많을 때 사용한다. 실리콘은 다른 재질보다 변형과 뒤틀림이 적어 오래 사용할 수 있다. 일체형과 분리형이 있는데 일체형이 좀 더 위생적이고 관리가 쉽다. 분리형은 헤드와 손잡이가 분리돼 그 사이에 반죽이 들어가기도 한다.

스패출러 | 반죽의 표면을 균일하게 하거나 케이크에 크림이나 아이싱을 바르고 매끈하게 만들 때 사용한다. ㄴ자 형태의 스패츌러와 一자 형태의 스패츌러가 있는데 ㄴ자는 반죽의 표면을 일정하고 매끈하게 할 때, 一자는 케이크나 크림을 바르고 깔끔하게 정리할 때 사용한다.

스크래퍼 | 반죽을 골고루 섞거나 나눌 때 사용한다. 빵 반죽을 나눌 때는 사다리꼴 모양의 단단

한 스크래퍼를 사용하고, 볼에 있는 반죽을 섞을 때는 둥근 모양의 유연한 스크래퍼를 사용하는 것이 좋다.

토치 | 직화로 캐러멜라이징을 할 때나 그을리는 요리를 만들 때 사용한다.

밀대 | 반죽을 일정한 높이와 원하는 모양으로 펼 때나 가볍게 두드릴 때 사용한다. 플라스틱, 스테인리스, 나무 재질이 있으며 베이킹에는 주로 플라스틱이나 나무 재질을 사용한다.

거품기 | 가루나 반죽을 섞을 때 사용하며 실리콘, 스테인리스 재질이 있다. 실리콘 거품기는 부딪치는 소리가 적고 가벼운 재료를 섞을 때는 좋지만 묵직한 재료나 반죽에는 힘이 들어가지 않으니 스테인리스 거품기를 추천한다.

베이킹 틀

원형 타르트 틀 | 예쁜 주름 모양을 만들 수 있다. 바닥이 분리되는 틀과 일체형이 있는데 구운 타르트지를 꺼낼 때는 분리형이 더 편하다. 테프론 코팅의 유무, 타르트 틀 높이에 따라 종류가 다양하므로 타르트의 종류에 따라 선택하면 된다. 타르트 틀을 세척한 뒤 물기가 남아 있으면 녹이 슬어 수명이 짧아지므로 깨끗한 면포로 잘 닦거나 오븐에 넣어 건조시켜야 한다.

원형 타공 타르트 링 | 타공된 면으로 반죽의 수분이 빠져나가 바삭한 식감의 타르트를 만들 수 있다. 타르트의 옆면은 도트 모양이 만들어져 조금 더 고급스럽게 연출할 수 있다. 틀은 스테인리스 소재라 세척과 관리가 쉽다.

원형 틀 | 케이크 시트를 구울 때 사용하는 코팅 팬으로 원형 모양 시트를 구울 때 적합하다. 테프론으로 코팅된 원형 타르트 틀처럼 세척한 뒤 관리에 주의가 필요하다. 바닥이 분리되는 분리형과 일체형이 있으므로 알맞은 제품을 선택한다.

머핀 틀 | 머핀이나 컵케이크를 만들 때 사용하는 틀로 실리콘 수지 코팅이 돼 있으면 잘 눌어붙지 않아 편하다. 머핀컵 유산지를 넣고 반죽을 팬닝하거나 틀에 오일을 가볍게 바른 뒤 반죽을 넣고 굽는다. 보통 6구가 기본이며 미니 사이즈, 9구, 12구 등 다양한 크기가 있고 실리콘 틀도 있다.

파운드 틀 | 파운드케이크를 구울 때 사용하는 틀로 긴 직사각형 모양이다.

사각 틀 | 케이크 시트를 구울 때 사용하는 코팅 팬으로 네모 모양을 구울 때 적합하다.

식힘망 | 사각이나 원형 모양이며 구운 케이크 시트나 쿠키, 빵을 식히는 역할을 한다. 뜨거운 증기가 안으로 스며들지 않고 증발된다.

비건을 지속하는 방법

나의 채식 경험

'비건Vegan'이 아니어도 괜찮아요. '비건 프렌들리Vegan Friendly'부터 시작해볼까요? 비건이란 틀에 갇히기보다는 비건 문화를 공감하고 즐기길 바랍니다. 먹거리를 제한하고 식생활을 억누르는 방식은 비건 지향적인 생활을 오랫동안 지속하기 힘들어요. '비건'이 생활의 많은 것을 금지하는 목표가 되지 않기를 바랍니다. 더욱 다양한 것을 누리고자 하는 삶의 방식으로 접근해 주세요. 그래야 가벼운 마음으로 오랫동안 '비거니즘'을 실천할 수 있을 거예요.

"고기를 먹으면 안 돼!"가 아니라 채소의 다양한 맛을 즐기자!"라는 마음으로 맛의 탐험을 시작하면 어떨까요? 저도 고기가 없으면 식탁이 허전할 때가 있었습니다. 밥을 국물 없이 먹으면 잘 넘어가지 않고 쌀밥을 먹지 않은 날이면 "식사하셨어요?"란 인사에 망설임 없이 "아니요"란 대답이 나왔죠. 이렇듯 오랫동안 이어온 식습관을 하루 아침에 바꿀 수는 없어요.

10여 년 전 성인 여드름이 생기면서 비건을 시도했어요. 그러나 먹는 것을 '참아야' 하는 생활은 비건에 대한 열정을 금방 식어버리게 만들었습니다. 그 후 비건의 영역이 동물성 식품을 먹지 않는 것만이 아닌, 일회용품을 줄이는 일, 길거리의 고양이를 도둑고양이로 보지 않는 시선처럼 일상 속에서 환경보호를 실천하고 평등을 실현하는 것 등의 윤리적 사상을 바탕으로 한 가치관이란 것을 알게 된 뒤 다시 비건에 관심을 갖게 됐습니다.

아직 동물성 식재료를 먹지만 주로 채식으로 식사를 하고, 텀블러를 사용하며 모든 생명은 소중하다고 여기며 살아갑니다. 엄격한 비건으로 생활했을 때보다 지금 더 비건 지향적인 생활에 대한 확신이 커졌고 자유롭게 제 선택을 실천합니다. 1회용품 사용 제한은 많은 불편이 따릅니다. 불필요한 물건 구입을 줄이는 것, 엘리베이터 대신 계단을 이용하는 것 또한 하나의 방법일 것입니다. 각자의 위치에서 실천할 수 있는 일을 능동적으로 찾고 지속해 나가는 기쁨, 그것이 바로 비건 지향적인 생활을 오랫동안 지속할 수 있는 원동력이 아닐까요? 동물보호 단체에서 활동하는 것도 멋지지만 반려동물을 책임감 있게 돌보는 일 또한 비건 친화적인 실천이 될 거예요. 채소만으로 한끼를 맛있게 즐기기까지는 분명 시간이 걸립니다. 하지만 서두르지 마세요. 건강한 비건 식단에 대해 공부하며 채소 반찬을 하나라도 더 만드는 것, 하루 한끼 온전한 채식을 시도하는 것부터 시작해 보세요. 식탁에서의 변화가 세상을 긍정적으로 바꿀 수 있다는 신념으로 채식을 음미해 보기를 바랍니다.

비건 요리를 위한 팁

1 제철 재료로 요리하세요.
식물 재배 시설이 발달한 요즘은 계절에 상관없이 채소를 구입할 수 있죠. 반면 자연의 시간에 맞춰 성장한 채소가 주는 힘은 느끼지 못한 채 살아갑니다. 계절에 순응하며 꽃을 피우고 열매를 맺어야 하는 과일과 채소는 우리의 편의를 위해 따뜻한 비닐하우스에서 자라거나 성장촉진제를 맞습니다. 이렇게 수확한 과일과 채소는 계절의 변화에 적응하며 건강하게 자란 것보다 맛과 영양 역시 부족합니다. 채소가 본래 나와야 하는 시기에 맞는 제철 채소로 요리하면 자연스럽게 더욱 맛있는 비건 요리가 만들어질 거예요.

2 직거래 장터를 이용하세요.
농부가 수확한 작물을 직접 판매하는 장터에서 신선한 채소를 구입해 요리해보세요. 집 앞의 마트 또는 배송 시스템으로 구입한 채소보다 더욱 소중하게 느껴질 거예요. 농부에게 직접 듣는 농사의 일상, 작물의 특징, 맛있게 먹는 방법 같은 이야기가 녹아 더 특별한 맛이 담겨 있죠. 장터에 갈 때는 채소를 담을 예쁜 에코백이나 장바구니를 준비해보세요. 나들이 가는 기분으로 생산자의 땀과 열정이 담긴 채소를 구입하면 요리를 준비하고 만드는 시간이 더욱 즐거워질 거예요.

3 다양한 품종을 활용하세요.
수확량을 근거로 획일화된 품종의 채소가 아닌 다양한 품종의 농작물을 사용한다면 더욱 다채로운 요리를 만들 수 있습니다. 포슬포슬 부드러운 분질 감자인 남작감자로는 감자샌드위치를, 쫀득한 수미감자로는 감자조림을, 한입에 먹기 좋은 요리를 만들고 싶을 때는 알감자라고 부르는 방울감자를 이용하면 어떨까요?
4~5월의 수분 많고 부드러운 백다다기오이로는 오이소박이나 생채, 샐러드를 만들고, 짙은 녹색에 가시가 많은 가시오이는 껍질이 얇고 씹는 맛이 좋고 단맛이 있으니 냉채, 피클, 장아찌를 만들어보세요.

비건 홈카페를 위한 팁

1 이색적인 식재료를 더해 보세요.
이색 채소와 향신료는 가격이 비싸고 쉽게 구하기 힘들다는 단점이 있지만 요리에 사용하면 레스토랑에 온 듯한 특별함을 즐길 수 있습니다. 최근에는 소비가 늘어 직거래 장터나 가까운 마트 또는 온라인에서도 구입 가능합니다. 일반 브로콜리 대신 줄기브로콜리나 콜리플라워를, 양배추 대신 방울양배추를, 양파 대신 적양파나 샬롯을, 고추 대신 색색의 컬러 고추 등 색다른 재료를 이용해 보세요. 쿠민, 코리앤더, 파프리카파우더, 넛맥, 레드페퍼와 다양한 향신료로는 외국에 온 듯한 이색적인 음식을 만들 수 있습니다. 애플민트, 페퍼민트, 레몬밤, 로즈메리, 바질, 타임 등의 허브로 맛과 향을 내거나 장식에 사용하면 단조로운 집밥이 더 특별해집니다.

2 조리 방법에 변화를 주세요.
어렸을 때부터 먹던 요리도 좋지만 가끔 새로운 아이디어를 더해 홈카페를 연출해보세요. 길게 잘라 고추장과 함께 먹던 오이는 슬라이스하여 누들을 만들고, 조림으로 먹던 연근을 바삭하게 구워 주먹밥 위에 올리고, 복숭아조림을 홍차에 넣어 복숭아아이스티를 만드는 등 같은 재료지만 써는 방법, 익히는 방법, 먹는 방법을 바꾸는 것만으로 새로운 요리가 됩니다.

3 소품을 활용해보세요.
계절에 맞는 재질과 두께의 테이블보로 바꾸거나 식사 콘셉트에 맞는 테이블 매트를 준비해 분위기를 내보세요. 혼자 식사를 할 때 트레이에 1인 상을 차리면 대접받는 느낌을 줄 수 있습니다. 예쁜 그릇에 음식을 담거나 커트러리로 기분을 내도 좋습니다. 꼭 비싼 그릇이 아니어도 됩니다. 포인트가 되는 그릇을 쓰거나 서로 다른 색과 분위기의 그릇을 믹스매치해보세요. 나만의 개성 있는 식탁으로 음식이 더욱 맛있게 느껴지는 홈카페가 완성될 거예요.

비건 요리에 관한 궁금증

Q 비건 음식을 먹으면 살이 빠지나요?
A 단순히 동물성 식품을 먹지 않는 것만으로는 살이 빠지지 않습니다. 자연식물식 위주의 식단이 아닌 첨가물이 가득한 가공식품이나 당과 유지 함량이 높은 디저트 위주의 식생활은 다이어트에 도움이 되지 않죠. 살을 빼기 위해 비건을 선택한다면 정기적인 운동과 함께 적극적인

식단 계획과 자연식물식 위주의 식단이 필요합니다.

Q 고기를 좋아하는 저는 비건 음식과 맞지 않겠죠?
A 비건이 육식을 하는 사람들을 배척하는 문화가 아니라는 것을 유념하기를 바랍니다. '완벽한 비건'은 없습니다. 다만 좀 더 나은 내일을 위한 신념으로 끊임없이 고심하며 실천하는 비건이 있을 뿐이죠. 우리가 일상적으로 먹는 음식도 식물성 재료로 만든 비건 요리가 많으니 처음에는 평소 식단을 유지하면서 다양한 비건 음식을 시도해보면 어떨까요? 태국 사람은 아니지만 태국 요리를 좋아하고, 기독교인은 아니지만 성탄절에 케이크로 분위기를 내는 것처럼 비건 요리 그대로의 맛을 즐겨보기를 바랍니다.

Q 비건 요리는 왜 맛이 없나요?
A 식물성 재료로 만드는 비건 베이킹과 요리는 많은 제한이 있습니다. 그러나 재료에 대한 이해를 바탕으로 정성껏 만든 비건 요리는 맛있습니다. 다양한 비건 간편식과 재료가 유통되고 점점 더 많은 비건 카페와 레스토랑이 생기면서 비건 요리는 끊임없이 향상되고 있습니다. 비건 요리에서만 맛볼 수 있는 매력을 느껴보세요.

Q 고기는 먹지 않는다면서 고기 모양 음식은 왜 먹나요?
A 비건은 가치관의 실천을 위해 육식을 하지 않을 뿐 다양한 맛과 형태의 비건 음식을 누릴 수 있습니다. 비건 버거는 햄버거와 비슷한 맛이라 신기하면서도, 동시에 다른 재료로부터 온 새로운 맛을 느낄 수 있는 메뉴입니다. 고기나 해산물 맛의 비건 음식은 오랫동안 먹던 익숙한 음식의 맛을 즐기는 하나의 방법이라고 생각하면 좋을 것 같습니다.

1
가벼운 식사
GRANOLA, SALAD, SMOOTHIE BOWL

아침 식사를 챙겨 먹기 힘든 분주한 평일, 마음껏 여유를 느끼고 싶은 주말 아침, 그리고 가볍게 먹고 싶은 점심에는 손쉽게 만들어 먹을 수 있는 식사를 하고 싶어요. 요리에는 시간과 정성이 들어갑니다. 그러나 그 과정이 너무 힘들고 피곤한 일이 되지 않기를 바랍니다. 만드는 시간도 먹는 순간도 즐거울 수 있도록 간단하게 만들 수 있는 메뉴를 담았습니다.

재료와 분량은 모두 2인 기준입니다. 2인 분량이 아닌 메뉴는 재료 옆에 분량을 표기했습니다.

그래놀라는 압착한 귀리에 곡물, 견과류와 씨앗, 감미료와 오일을 넣은 것으로 다양한 맛을 낼 수 있습니다. 한때 머릿속에 그리던 맛을 그래놀라로 표현하는 재미에 푹 빠져 과일, 채소는 물론 이색적인 향신료와 허브를 사용한 수많은 레시피를 개발했습니다. 하지만 가장 자주 만드는 것은 클래식그래놀라입니다. 화려하지는 않지만 매일 먹어도 질리지 않는, 담백하면서 고급스러운 맛이에요.. (p.216 참고)

클래식그래놀라
CLASSIC GRANOLA

(210g)
오트밀 150g
메이플시럽 60g
아몬드 다진 것 50g
건포도 25g
통밀가루 20g
코코넛오일 10g
소금 1g

1 오트밀과 아몬드를 볼에 넣고 통밀가루, 소금을 넣는다.
2 다른 볼에 메이플시럽과 코코넛오일을 넣고 섞는다.
3 2를 1에 넣고 골고루 섞는다.
4 3을 오븐 팬에 잘 편다.
5 155℃로 예열한 오븐에서 10분 정도 굽고 140℃로 낮춘 뒤 2~3번 뒤집어가며 30분 정도 더 굽는다.
6 오븐에서 꺼내고 건포도를 넣은 뒤 골고루 섞는다.

TIP
그래놀라는 그대로 먹어도 되지만 샐러드, 수프, 샌드위치, 아이스크림 토핑으로 활용하거나 비건 우유와 비건 요거트, 스무디볼에 곁들여 식사 대용으로 먹어도 좋다.

매일 아침 반쯤 감긴 눈으로 엄마가 차려놓은 식탁에 앉아 밥을 비울 때쯤 잠을 깨며 하루를 시작하던 시절의 기억이 종종 떠오릅니다. 엄마는 어떻게 그리 부지런했는지 모르겠어요. 아침잠이 많은 저는 간단히 과일로 식사를 하는데 든든한 아침 식사를 하고 싶을 때는 전날 오버나이트오트밀을 만듭니다. 귀리의 포만감과 콩포트의 달콤함으로 기분 좋은 하루를 시작할 수 있어요. (p.218 참고)

블루베리콩포트오트밀
BLUEBERRY COMPOTE OATMEAL

두유 300g
오트밀 70g
바질시드 15g
〈콩포트〉
블루베리 300g
원당(비정제) 50g
레몬즙 20g

1 먹기 전날 밤, 오트밀과 바질시드를 그릇에 담고 두유를 붓는다.
2 잘 섞고 하룻밤 동안 냉장실에 둔다.
3 블루베리와 원당을 섞어 냄비에 넣고 1시간 이상 그대로 둔 뒤 눌러붙지 않도록 주걱으로 저어가며 10분 정도 중불로 졸인다.
4 레몬즙을 넣고 한소끔 끓어오르면 불을 끈다.
5 2의 오트밀에 4의 블루베리콩포트를 올린다.

TIP
잘 불어나는 인스턴트 오트밀(퀵쿠킹 오트)을 사용하면 더욱 부드러운 오버나이트오트밀이 된다. 바질시드는 치아시드로 대체하거나 생략 가능하다. 블루베리콩포트는 빵에 곁들여도 좋고 두유에 넣어 음료로 마셔도 좋다.

딸기는 아이들이 가장 좋아하는 과일이에요. 딸기를 다 먹지 못할 때는 깨끗하게 씻어서 얼렸다가 잘 익은 바나나를 넣어 단단한 스무디볼을 만들곤 합니다. 남은 딸기와 그래놀라를 올려 그림을 그리듯 장식해보기도 하고요. 딸기와 바나나만으로도 달콤하고 부드럽지만 봄에는 산딸기를 더해요. 산딸기가 없다면 라즈베리나 레몬즙을 넣어 상큼한 단맛을 완성해보세요.. (p.220 참고)

베리바나나스무디볼
BERRY BANANA SMOOTHIE BOWL

딸기 20개
산딸기 20개
바나나 1개
코코넛워터 ¼컵
〈장식〉
딸기 6개
산딸기 12개
애플민트 6줄기
타임 6줄기

1 딸기와 산딸기는 깨끗이 씻어서 물기를 빼고 딸기는 꼭지를 제거한다.
2 딸기, 산딸기를 블렌더에 넣고 바나나는 1cm 두께로 슬라이스해서 넣는다.
3 코코넛워터를 넣으며 곱게 간다.
4 장식용 딸기는 길이로 2등분 또는 4등분한다.
5 **3**의 스무디를 그릇에 담고 딸기와 산딸기를 올린다.
6 애플민트, 타임으로 장식한다.

TIP
생과일을 사용한다면 과일의 수분에 따라 코코넛워터를 줄이거나 생략한다. 냉동 과일을 사용한다면 잘 갈리도록 코코넛워터의 양을 늘린다.

여행을 추억하면 가장 먼저 무엇이 떠오르나요? 저는 유명한 관광지의 풍경보다는 그곳에서 맛보았던 음식이 기억에 남습니다. 물론 그 여행의 즐거운 시간이 더해져 더욱 특별하게 느껴지는 것이겠죠. 스쿠버다이빙을 배우며 필리핀에 머물렀던 20대를 그리며 그때 즐겨 마시던 망고스무디를 변형해 트로피컬스무디볼을 만들었습니다. 여행이 그리울 때 열대의 햇살을 머금은 과일로 스무디볼을 만들어보면 어떨까요?

트로피컬스무디볼
TROPICAL SMOOTHIE BOWL

망고 1개
키위 1개
파인애플 ⅓개
코코넛밀크 50g
〈장식〉
키위 1개
망고 ¼개
파인애플 1cm 두께로
슬라이스한 것 1개
보리지꽃 약간

1 키위는 껍질을 제거하고 1cm 두께로 슬라이스한다.
2 파인애플은 껍질을 제거하고 단단한 심지를 제거한 뒤 갈기 좋은 크기로 자른다.
3 망고는 껍질과 씨를 제거하고 적당하게 자른다.
4 과일을 블렌더에 넣고 코코넛밀크를 넣으며 되직하게 간 뒤 볼에 담는다.
5 장식용 키위는 1cm 두께로 슬라이스하고 망고는 1cm 크기로 깍둑썰기하고 파인애플은 2~3cm 크기로 자른다.
6 **4**의 스무디볼 위에 키위, 망고, 파인애플, 보리지꽃을 올린다.

> **TIP**
> 파인애플과 키위를 함께 넣는다면 노란 스위트 망고를 사용하고 망고만 넣는다면 새콤한 애플망고를 사용하면 맛있다. 스무디볼 위에 다양한 과일이나 허브, 식용꽃, 슈퍼푸드 등을 올려 장식할 수 있다.

진한 초록색에 겁먹지 마세요. 주키니의 향긋함과 아보카도의 부드러움, 레몬의 상큼함이 어우러지는 의외의 맛에 놀라실 거예요. 식이섬유가 풍부한 저칼로리의 주키니와 당분 함량은 낮고 비타민이 풍부한 아보카도를 주재료로 만들어 몸은 가볍고 속은 든든한 스무디볼입니다.

아보카도주키니스무디볼
AVOCADO ZUCCHINI SMOOTHIE BOWL

아보카도 1개
주키니 ½개
두유 200g
레몬청 15g
바질 10g
레몬즙 ½개 분량
소금 ½작은술
〈장식〉
완두순 3줄기
래디시 ½개
바질잎 5장

1. 아보카도는 껍질과 씨를 제거하고 주키니는 꼭지를 자른 뒤 1cm 길이로 깍둑썰기한다.
2. 아보카도, 주키니, 두유, 레몬청, 바질을 블렌더에 넣고 곱게 간다.
3. 레몬즙과 소금으로 간하고 볼에 담는다.
4. 래디시를 얇게 슬라이스하고 완두순, 바질잎과 함께 스무디볼 위에 올린다.

TIP
주키니나 아보카도 중 1가지만 넣어도 맛있다. 바질을 넣으면 풍미가 살지만 없으면 생략 가능하다.

초록색은 마음을 안정시키는 편안한 자연의 색이죠. 여기에 강렬한 빨간색을 더하면 활기를 더하는 기분이 듭니다. 제주 녹차의 쌉싸름하면서 깔끔한 맛과 건조 과일의 새콤달콤함이 어우러진 그래놀라를 동글동글한 볼 모양으로 만들었습니다.

녹차그래놀라볼
GREEN TEA GRANOLA BALL

(12개)
오트밀 100g
마카다미아 다진 것 30g
현미튀밥 30g
호박씨 20g
건크랜베리 10g
건딸기 자른 것 10g
〈시럽〉
조청 4큰술
물 2큰술
원당(비정제) 1½큰술
녹차가루 1작은술

1. 오트밀과 마카다미아, 호박씨를 오목한 팬에 넣고 노릇하게 볶은 뒤 볼에 옮겨 식힌다.
2. 물에 조청, 원당, 녹차가루를 넣고 녹인다.
3. **2**를 팬에 넣고 가장자리에 기포가 생길 때까지 한소끔 끓인다.
4. **3**에 **1**과 현미튀밥을 넣고 한덩어리로 뭉쳐질 때까지 약불에서 3분 정도 섞는다.
5. 건크랜베리와 건딸기를 넣고 주걱으로 가볍게 섞는다.
6. 손으로 굴리며 3cm 크기로 동그랗게 빚는다.

TIP
녹차가루는 질이 좋은 고운 분말을 사용해야 색이 곱다. 끓이기 전 물에 잘 풀어야 녹차가루가 뭉치지 않는다.

"엄마, 검은색 음식은 머리카락을 반짝반짝 빛나게 하고 빨리 길게 해주죠?" 어린이집에서 오방색과 음식에 대해 배운 첫째가 물었습니다. 긴 머리를 가진 동화 속 공주님이 되고 싶었던 딸아이는 그날 저녁 찰흑미로 지은 밥과 흑임자드레싱을 넣은 샐러드를 주었더니 신나게 먹더라고요. 흑임자는 주로 반찬에 고명으로 사용하지만 가루를 내 간장, 참기름과 섞어 드레싱을 만들면 색다른 요리가 됩니다.

흑미채소샐러드
BLACK RICE AND VEGETABLE SALAD

찰흑미 150g
애호박 ½개(100g)
새송이버섯 1개
쑥갓 1줄기
물 600g
현미유 1큰술
소금 약간
〈드레싱〉
진간장 3큰술
흑임자 1큰술
생참기름 1½큰술

1 찰흑미는 깨끗이 씻고 물, 소금과 함께 냄비에 넣은 뒤 40분 정도 삶는다.
2 애호박과 새송이버섯을 세로로 길게 자르고 5cm 길이로 마구썰기한다.
3 팬에 현미유를 두르고 애호박, 새송이버섯을 넣어 노릇하게 굽는다.
4 흑임자를 곱게 갈고 진간장과 생참기름을 섞어 드레싱을 만든다.
5 찰흑미와 애호박, 새송이버섯, 4의 드레싱을 볼에 넣고 골고루 버무린다.
6 5를 그릇에 담고 쑥갓을 곁들인다.

TIP
찰흑미는 냉장 보관해도 흑미보다 쫄깃하게 먹을 수 있다. 너무 푹 익히지 않아야 식감이 좋다. 흑임자를 바로 갈아서 쓰면 좋지만 흑임자가루로 대체해도 된다.

영국에서 홈스테이를 할 때 아침으로 시리얼과 우유 또는 오트밀죽 중 하나를 선택할 수 있었어요. 시리얼은 바삭바삭해서 맛있었지만 식욕이 왕성하던 그때의 배를 채우기엔 부족했죠. 그래서 주로 포만감이 좋은 오트밀죽을 먹었습니다. 한국에 와서도 종종 그때의 메뉴를 만들어 먹는데 소화가 잘되지 않는 우유 대신 물을 넣고 죽처럼 끓인 뒤 달래장을 곁들였더니 매우 만족스러웠어요.

오트밀죽
OATMEAL PORRIDGE

오트밀 70g
물 400g
햄프시드 15g
김 1장
〈달래장〉
달래 10줄기
참깨 1큰술
간장 ½큰술
생참기름 ½큰술

1 오트밀과 물을 냄비에 넣고 끓인다.

2 한소끔 끓어오르면 중불로 낮추고 숟가락으로 저으면서 5분 정도 더 끓인다.

3 달래는 뿌리 부분의 흙을 신경 써서 제거하고 씻은 뒤 뿌리 부분을 칼로 눌러 으깨고 1cm 길이로 자른다.

4 달래, 참깨, 간장, 참기름을 볼에 넣고 잘 섞어 달래장을 만든다.

5 **2**를 그릇에 담고 잘게 자른 김과 햄프시드를 올린 뒤 달래장을 곁들인다.

TIP
오트밀에 물을 넣으면 맛이 깔끔하고 두유를 넣으면 고소하다. 달래장 대신 부추, 쪽파 등 향긋한 채소를 잘게 썰어 장을 만들어도 좋다.

1 가벼운 식사

두부볶음은 스크램블드에그와 맛과 모양이 비슷합니다. 굳이 두부로 달걀을 흉내 내야 되나요? 차라리 달걀을 먹는 게 낫지 않나요? 이런 질문을 할 수도 있어요. 하지만 먹어보면 알게 됩니다. 다양한 맛을 가진 두부가 주는 즐거움이 있다는 것을요. 매콤하게 고추기름을 내고 향긋한 카레 향을 입힌 두부의 색다른 맛을 느껴보세요..

두부볶음과 채소스틱
STIR FRIED TOFU AND VEGETABLE STICK

두부(부침용) 1모(300g)
느타리버섯 100g
페퍼론치노 2개
청경채 1개
황파프리카(매운 것) 3개
홍파프리카(매운 것) 3개
셀러리 1대
미니 당근 2개
현미유 1큰술
〈양념〉
마늘 1쪽
간장 1큰술
카레가루 1큰술
레몬즙 1큰술
강황가루 약간
〈머스터드마요네즈〉
비건마요네즈 3큰술 (p.236 참고)
메이플시럽 1작은술
홀그레인머스터드 1작은술
(p.238 참고)

1 두부는 뜨거운 물에 데치고 면포로 물기를 제거한 뒤 칼등으로 눌러 으깬다.

2 양념용 마늘은 곱게 다지고 간장, 카레가루, 레몬즙, 강황가루를 넣고 섞어 양념을 만든다.

3 느타리버섯은 기둥을 제거하고 청경채는 4등분한 뒤 1cm 길이로 자른다.

4 팬에 현미유를 두르고 페퍼론치노를 손으로 잘게 부숴 넣는다. 약불에서 1분 정도 볶아 고추기름을 낸 뒤 두부를 넣고 수분이 날아가 노릇한 상태가 될 때까지 중불에서 볶는다.

5 느타리버섯과 2의 양념을 넣고 3분 정도 볶은 뒤 청경채를 넣고 1분 정도 더 볶는다.

6 파프리카를 길게 2등분하고 씨와 하얀 심지를 제거한다.

7 셀러리를 파프리카 길이로 자르고 당근은 줄기를 제거한 뒤 길이로 2등분한다.

8 분량의 재료를 섞어 머스터드마요네즈를 만든다.

9 5의 두부볶음을 그릇에 담고 채소스틱과 8의 머스터드마요네즈를 곁들인다.

TIP
두부는 양념을 넣기 전에 중불에서 수분을 날리며 볶아야 포슬포슬한 두부볶음을 만들 수 있다.

당근퓌레에 삶은 율무, 찜채소를 곁들이는 따뜻한 샐러드입니다. 당근 요리를 할 때마다 제주에 살지만 당근을 싫어해서 구좌 당근을 즐길 수 없는 친구가 떠오릅니다. 당근은 오이처럼 특유의 향이 있어서 싫어하는 사람이 많지만 베타카로틴 등 영양소가 풍부해 항산화 효과, 노화 방지, 암 예방 등의 효능이 있는 보물 같은 채소예요. 수프, 샐러드, 주스 등 다양한 당근 요리에 도전해보세요.

율무찜채소샐러드
ADLAY SALAD WITH STEAMED VEGETABLE

율무 100g
당근 ½개
마 ½개
브로콜리니 2개
물 3컵
소금 ¼작은술
〈당근퓌레〉
당근 찐 것 ½거
현미유 2큰술
간장 1½큰술

1 율무를 씻어서 냄비에 담고 물, 소금을 넣은 뒤 40분 정도 삶는다.
2 당근과 마는 세로로 길게 2등분하고 어슷하게 썬다.
3 김이 오른 찜기에 당근과 마, 브로콜리니를 넣고 10분 정도 지나면 브로콜리니를 꺼낸 뒤 당근, 마는 10분 정도 더 찐다.
4 분량의 당근퓌레 재료를 핸드블렌더에 넣고 곱게 간다.
5 **4**의 당근퓌레와 **1**의 율무를 그릇에 담고 당근, 마, 브로콜리니를 올린다.

TIP
율무 대신 보리를 곁들여도 좋다. 채소 역시 비트, 연근, 브로콜리, 콜리플라워와도 잘 어울리며 따뜻하게 먹는 샐러드지만 식은 뒤에도 맛있다.

후무스는 병아리콩으로 만든 대표적인 중동 지역의 음식이에요. 여기에 적은 양으로도 음식의 맛과 향, 매운맛을 더하는 향신료가 들어갑니다. 미나릿과 식물인 쿠민과 고수의 씨앗인 코리앤더입니다. 강렬하면서 이국적이어서 처음에는 부담스러울 수 있지만 먹다 보면 그 매력에 빠져 어느새 레시피보다 많은 양을 넣게 될 거예요. 원래 후무스에는 타히니라는 참깨 페이스트를 넣지만 구하기가 어려우니 피넛버터로 대체합니다. 좀 더 친숙하고 고소한 맛을 낼 수 있어요.

후무스채소구이샐러드
HUMMUS AND GRILLED VEGETABLE SALAD

병아리콩 150g
샬롯 5개
래디시 4개
방울양배추 6개
방울토마토 6개
마늘 1쪽
피넛버터 3큰술
올리브유 3큰술
병아리콩 삶은 물 3큰술
쿠민 ½작은술
코리앤더 ½작은술
소금 약간
후추 약간

1. 병아리콩에 물을 넉넉히 붓고 8시간 이상 불린 뒤 물에 헹군다.
2. 냄비에 병아리콩과 3배 정도 되는 물(분량 외), 소금(½작은술)을 넣고 손으로 누르면 으깨질 때까지 1시간 정도 삶는다. 병아리콩 삶은 물은 따로 둔다.
3. 삶은 병아리콩과 마늘, 피넛버터, 올리브유, 쿠민, 코리앤더, 소금, 후추를 푸드프로세서에 넣고 병아리콩 삶은 물로 농도를 맞추며 곱게 간다.
4. 샬롯, 래디시, 방울양배추, 방울토마토를 오븐 팬에 담고 종이포일을 쐬운 뒤 200℃로 예열한 오븐에서 20분 정도 굽는다.
5. 180℃로 온도를 낮추고 종이포일을 벗긴 뒤 소금과 후추를 뿌리고 20분 정도 더 굽는다.
6. **3**의 후무스와 채소구이를 그릇에 담는다.

> **TIP**
> 채소를 구울 때는 오븐의 성능과 채소의 크기에 따라 온도와 굽는 시간을 조절해야 한다. 쿠민과 코리앤더는 취향에 따라 양을 조절한다. 스모크드 파프리카나 카이엔페퍼 같은 매운 향신료를 넣기도 하고 다진 올리브나 구운 마늘을 넣어도 좋다.

프리타타는 달걀을 풀고 고기, 채소, 치즈 등을 넣어 만든 이탈리아 요리로 프랑스의 키슈, 스페인의 토르티야 데 파타타와 비슷합니다. 연두부에 강황가루를 넣어 반죽을 만들면 달걀과 비슷한 부드러운 식감에 노란빛의 비건 프리타타를 만들 수 있어요. 연두부의 수분 함량에 따라 두유의 양을 조절해 살짝 흐를 정도의 걸쭉한 반죽을 만들어주세요. 레시피에 사용한 재료 외에 좋아하는 채소를 듬뿍 넣어도 좋습니다. 단, 캐러멜라이징한 양파는 진한 감칠맛이 있으니 꼭 넣는 것을 추천합니다.

연두부프리타타샐러드
SOFT TOFU FRITTATA SALAD

연두부 1모(300g)
양파 1개
방울토마토 3개
그린올리브 4개
블랙올리브 4개
두유(무첨가) 150g
마늘 1쪽
올리브유 2큰술
감자전분 2큰술
강황가루 약간
소금 약간
후추 약간
〈샐러드〉
와일드루콜라 1줌
올리브유 1큰술
메이플시럽 1큰술
간장 1작은술

1 양파는 슬라이스하고 소금과 후추로 간한 뒤 갈색이 될 때까지 볶는다.

2 방울토마토와 올리브는 0.5cm 두께로 둥글게 슬라이스한다.

3 연두부, 두유, 마늘, 올리브유, 감자전분, 강황가루, 소금, 후추를 블렌더에 넣고 간다.

4 3을 오븐 팬에 1cm 정도 높이로 부은 뒤 1의 양파를 넣고 나머지를 모두 붓는다.

5 방울토마토와 올리브를 올리고 180℃로 예열한 오븐에서 20분 정도 구운 뒤 170℃로 낮춰서 10분 정도 더 굽는다.

6 올리브유, 메이플시럽, 간장을 섞어 드레싱을 만들고 와일드루콜라와 골고루 버무린다.

7 그릇에 6의 샐러드를 담고 한 김 식은 연두부프리타타를 올린다.

TIP
애호박, 파프리카, 가지 같은 채소를 넣고 싶다면 살짝 볶아서 넣어야 구웠을 때 재료가 물컹해지거나 반죽이 질지 않아서 더 맛있다.

어렸을 때 계곡에서 물놀이하며 먹던 엄마의 감자전도 좋지만 가끔은 포크와 나이프가 필요한 감자전크레이프를 만들어 분위기를 냅니다. '브런치' 하면 덜 익힌 수란을 얹은 팬케이크가 떠오르지만 달걀 없이도 맛있고 멋진 브런치를 만들 수 있어요. 감자로 부드럽고 쫀득한 팬케이크를 만들고 부드럽게 입안을 감싸는 새콤한 레몬마요네즈를 올렸습니다. 마지막으로 잘게 다진 매콤한 고추가 깔끔하게 입안을 마무리해줍니다.

감자전샐러드
POTATO PANCAKE WITH SALAD

(10cm 5개)
감자 4가
적양파 ¼가
적파프리카(매운 것) ⅛가
홍파프리카(매운 것) ⅛가
황파프리카(매운 것) ⅛가
청고추 ⅛가
찹쌀가루 5큰술
현미유 3큰술
소금 1작은술
〈레몬마요네즈〉
비건 마요네즈 3큰술(p.236 참고)
아가베시럽 1큰술
레몬즙 1큰술

1. 감자는 껍질을 제거하고 강판에 간 뒤 찹쌀가루와 소금을 넣고 섞는다.
2. 팬에 현미유를 두르고 1을 지름 10cm, 두께 1cm 크기로 올린 뒤 양면을 노릇하게 굽는다.
3. 적양파는 결대로 0.5cm 두께로 채 썰고 찬물에 10분 정도 담근 뒤 물기를 제거한다.
4. 비건 마요네즈에 아가베시럽과 레몬즙을 넣고 골고루 섞어서 레몬마요네즈를 만든다.
5. 감자전을 접시에 담고 레몬마요네즈와 적양파를 올린다. 4번 반복한다.
6. 파프리카와 청고추를 아주 잘게 다진다.
7. 감자전 위에 레몬마요네즈를 올리고 파프리카와 청고추를 뿌린다.

TIP
파프리카는 색을 내는 목적으로 사용하기 때문에 생략할 수 있지만 새콤달콤한 레몬마요네즈에는 매콤한 청고추를 꼭 곁들이는 게 좋다. 바삭한 식감을 원한다면 감자전 반죽에 찹쌀가루 대신 전분가루를 넣는다.

오븐을 사용하지 않고 프라이팬으로 간편하게 만드는 레시피예요. 전통 음식인 강정을 만드는 방법을 응용해 만들어보았습니다. 달콤한 디저트는 배는 부르지만 왠지 모를 허전함이 남죠. 바쁜 일정에 제대로 된 한끼를 챙겨먹기 힘들 때는 그래놀라바를 추천합니다. 영양소가 풍부한 귀리와 짭조름한 간장 맛이 어우러져 식사의 포만감까지 느낄 수 있을 거예요.

소이소스그래놀라바
SOY SAUCE GRANOLA BAR

오트밀 100g
호두 50g
해바라기씨 30g
아몬드버터 80g(p.214 참고)
조청 4큰술
원당(비정제) 3큰술
물 2큰술
간장 1큰술
현미유 약간

1 오트밀과 호두, 해바라기씨를 오목한 팬에 넣고 볶은 뒤 볼에 담는다.

2 팬에 조청, 원당, 물, 간장을 넣고 한소끔 끓어오르면 아몬드버터를 넣은 뒤 골고루 섞는다.

3 1을 넣고 한 덩어리로 뭉쳐질 때까지 젓는다.

4 현미유를 두른 통에 담고 꾹꾹 누른 뒤 냉동실에서 1시간 정도 굳힌다.

5 냉동실에서 꺼내 원하는 크기로 자른다.

TIP
많은 양의 아몬드버터를 만든다면 푸드프로세서를 이용한다. 올리브유를 생략해도 되지만 양이 너무 적으면 잘 갈리지 않고 만드는 데 시간이 오래 걸린다. 아몬드버터가 없다면 피넛버터나 아몬드버터, 캐슈너트 버터 같은 시판 너트버터로 대체 가능하다.

와플기계는 더 이상 와플만을 굽는 도구가 아니죠. 어떤 재료를 넣든 겉은 바삭하고 속은 쫀득하게 만들어주는 마법 같은 기계입니다. 크루아상을 구운 크로플을 비롯해 삼각김밥, 호떡, 채 썬 감자 등 다양한 재료를 이용해 와플 아닌 와플 같은 매력을 지닌 음식을 만듭니다. 인절미나 증편 같은 떡도 와플기계에 눌러주기만 하면 근사한 요리가 됩니다. 시럽이나 과일콩포트를 올려 디저트로 먹어도 좋지만 살사를 만들어 곁들이면 색다른 브런치가 됩니다.

증편살사샐러드
FERMENTED RICE CAKE AND SALSA SAUCE SALAD

증편 4개
방울토마토 5개
오이 ½개
고수 20g
아몬드 3개
소금 1작은술
〈드레싱〉
유자청 1큰술
간장 1큰술
고춧가루 ½작은술
후추 약간

1. 증편을 와플기계 크기에 맞춰 자르고 180℃에서 5분 정도 노릇하게 굽는다.
2. 오이는 세로로 4등분해 씨앗을 제거하고 소금을 뿌려 10분 정도 절인 뒤 면포로 물기를 제거한다.
3. 방울토마토는 꼭지와 씨를 제거하고 오이와 함께 1cm 크기로 깍둑썰기 한다.
4. 고수는 뿌리를 잘게 다지고 줄기와 잎은 1cm 길이로 자른다.
5. 분량의 재료를 골고루 섞어 드레싱을 만든다.
6. 방울토마토, 오이, 고수를 볼에 담고 5를 넣은 뒤 골고루 섞어 살사를 만든다.
7. 증편을 접시에 담고 6의 살사와 굵게 다진 아몬드를 뿌린다.

TIP
증편 크기가 작으면 여러 개를 겹쳐 와플기계에 넣고 누른다. 마른 떡을 이용할 때는 물을 묻혀 부드럽게 해주면 누르기 쉽다. 너무 오래 구우면 떡이 단단해져 나이프로 자르기 힘들어지니 주의한다.

시원한 국물에 아삭한 채소, 말랑한 묵을 넣은 묵사발을 홈카페 스타일로 재해석한 브런치 메뉴예요. 갈색의 도토리묵 대신 녹두로 만든 청포묵을 사용했어요. 청포묵은 조화와 화합을 의미하는 탕평채를 만들 때 주로 사용하는데 색도 예쁘고 맛과 향이 강하지 않아 샐러드로도 잘 어울립니다. 국수를 곁들여도 좋지만 오이를 누들처럼 만들어 다이어트에 좋은 브런치로 즐겨보세요.

오이묵샐러드
CUCUMBER AND MUNG BEAN JELLY SALAD

오이 1개
청포묵 200g
청양고추 ½개
홍고추 ½개
돌나물 약간
소금 약간
〈샐러드채수〉
채수 1컵(p.212 참고)
국간장 2작은술
매실청 2작은술
생참기름 ½작은술

1. 채수와 국간장, 매실청, 참기름을 골고루 섞어 샐러드채수를 만들고 냉장고에 보관한다.
2. 오이는 필러나 칼로 얇게 슬라이스하고 소금을 뿌린 뒤 물기가 나오면 면포로 제거한다.
3. 청포묵은 정사각형으로 자르고 뜨거운 물에 30초 정도 데친 뒤 찬물에 헹군다.
4. 고추는 0.2cm 두께로 송송 썬다.
5. 오이를 접시에 원형으로 돌려 담고 가운데 청포묵을 담는다.
6. 1의 채수를 그릇에 붓고 고추와 돌나물을 올린다.

TIP
구운 김이나 감태를 듬뿍 곁들여도 맛있다. 오이는 스파이럴라이저나 채칼로 얇게 썰어 국수 같은 느낌으로 만들어도 좋다. 청포묵은 중국산인 경우가 있으니 국내산 녹두로 만들었는지 확인한다.

2
출출할 때 과자와 빵
COOKIE, BREAD

달걀, 우유, 버터를 빼고 과자와 빵을 만들 수 있을까요? 그럼요, 식물성 재료로도 맛있는 과자와 빵을 만들 수 있답니다. 일반 과자와 빵보다 과정이 복잡하고 어려울까요? 그렇지 않습니다. 비건 과자와 빵 또한 쉽게 만들 수 있는 것으로 구성했으니 굳이 거창한 재료와 도구가 없어도 간단하게 만들 수 있습니다. 비건에 대한 편견을 깨는 맛있는 비건 과자와 빵을 만드는 법을 소개할게요.

재료 상단에 표기된 수치는 길이 또는 지름 기준입니다.

아이들도 안심하고 먹을 수 있는 쿠키, 논비건도 쉽게 접근할 수 있는 쿠키를 만들고 싶었어요. 재료가 너무 생소하지 않고 거부감이 없어야 한다고 생각했습니다. 바로 피넛버터가 아이들과 논비건에게 친근하게 다가갈 수 있는 재료였어요. 달걀, 우유, 버터는 물론 오일 한 방울도 없는 쿠키를 이제 쉽게 만들 수 있어요.

피넛버터초콜릿쿠키
PEANUT BUTTER CHOCOLATE COOKIE

(5cm 20개)

피넛버터(무첨가) 240g
박력분(유기농) 184g
두유 93g
무스코바도 90g
피칸(본태) 구운 것 60g
다크초콜릿칩 60g
베이킹파우더 7g
소금 1g

1 오븐은 200℃로 예열하고 박력분과 베이킹파우더, 소금은 미리 체 친다.
2 피넛버터를 볼에 넣고 실리콘 주걱으로 부드럽게 푼다.
3 무스코바도를 넣고 덩어리 없이 잘 섞는다.
4 두유를 조금씩 천천히 넣으면서 섞는다.
5 1의 가루류를 넣고 주걱으로 가르듯 섞는다.
6 피칸과 다크초콜릿칩을 넣고 섞는다.
7 반죽을 37g씩 20개로 나누고 5cm 크기 원형 모양으로 만든다.
8 7의 반죽을 오븐 팬에 올리고 손바닥으로 윗면을 살짝 누른 뒤 180℃의 오븐에서 12분 정도 굽는다.

TIP
가루류를 넣고 섞을 때는 잘 섞이지 않을 것 같지만 지속적으로 가르듯 섞는다. 반죽을 나눌 때 손으로 쥐어 살짝 팬닝하면 반죽이 부서지지 않고 쉽게 뭉칠 수 있다. 피칸은 끓는 물에 넣고 5분 정도 데친 뒤 찬물에 씻는다. 물이 깨끗해질 때까지 씻고 체에 밭쳐 수분을 제거한 뒤 170℃로 예열한 오븐에서 10분 정도 굽는다.

프랑스 로렌 지방에 위치한 낭시Nancy는 마카롱으로 유명한 곳이지만 베르가모트 또한 유명합니다. 홍찻잎에 베르가모트 향을 첨가한 것이 바로 얼그레이인데요, 베르가모트를 좋아해서 얼그레이가 들어간 레시피를 많이 구상하는 편입니다. 그중 얼그레이쿠키는 오후의 티타임에 어울리는 고급스러운 쿠키입니다.

얼그레이쿠키
EARL GREY COOKIE

(4cm 16개)

- 박력분(유기농) 170g
- 현미유 75g
- 슈가파우더 60g
- 원당(비정제) 30g
- 애플소스(무가당) 23g
- 아몬드가루 20g
- 감자전분 6g
- 얼그레이 3g
- 바닐라 익스트랙트(유기농) 3g
- 소금 1g

1. 오븐은 180℃로 예열하고 박력분, 슈가파우더, 아몬드가루, 감자전분, 소금은 미리 체 친다.
2. 1에 원당과 얼그레이를 넣고 실리콘 주걱으로 가볍게 섞는다.
3. 현미유를 넣고 가르듯 섞는다.
4. 애플소스와 바닐라 익스트랙트를 넣고 잘 섞은 뒤 뭉쳐서 냉장고에서 30분 정도 휴지시킨다.
5. 반죽을 꺼내 길이 20cm, 너비 4cm의 막대 모양으로 만들고 냉장고에서 30분 정도 더 휴지시킨다.
6. 반죽을 1cm 정도 두께로 자르고 오븐 팬에 올린 뒤 175℃의 오븐에서 10~12분 정도 굽는다.

TIP
하루 전날 박력분에 얼그레이를 섞어두면 더 깊고 진한 얼그레이 향을 느낄 수 있다. 애플소스는 직구로도 구할 수 있다.

개성이 강한 코코넛 향은 그리 좋아하지 않지만 은은한 코코넛 향은 좋아합니다. 코코넛을 이용해 레시피를 만들 때 코코넛의 향과 맛을 튀지 않게 하는 이유죠. 이 쿠키도 은은하게 느껴지는 코코넛 향이 참 좋아요. 코코넛을 좋아하지 않는 사람도 분명 저처럼 좋아하게 될 거예요. (p.222 참고)

코코넛사브레쿠키
COCONUT SABLÉ COOKIE

(2cm 20개)

비건 버터 110g
박력분(유기농) 100g
슈가파우더 24g
원당(비정제) 20g
애플소스(무가당) 18g
코코넛 슬라이스 15g
아몬드가루 10g
코코넛가루 10g
감자전분 3g
바닐라 익스트랙트(유기농) 2g
소금 0.5g

1. 오븐은 180℃로 예열하고 비건 버터를 볼에 넣고 실리콘 주걱으로 부드럽게 푼다.
2. 슈가파우더와 원당을 넣고 덩어리 없이 잘 섞는다.
3. 애플소스를 넣고 섞는다.
4. 박력분, 아몬드가루, 코코넛가루, 감자전분, 소금을 체 쳐서 넣는다.
5. 스크래퍼로 가르듯 섞는다.
6. 바닐라 익스트랙트와 코코넛 슬라이스를 넣고 섞는다.
7. 반죽을 한 덩어리로 뭉친 뒤 15g씩 20개로 나눠 동그랗게 모양을 잡는다.
8. 2cm 지름의 원형으로 새알처럼 둥글게 빚는다.
9. 오븐 팬에 테프론시트를 깔고 반죽을 올린 뒤 손바닥으로 윗면을 살짝 누른다.
10. 170℃의 오븐에서 13분 정도 굽는다.

TIP
가루류를 넣고 섞을 때는 스크래퍼로 계속 가르듯이 섞는다. 애플소스는 직접 만들어 사용해도 좋다.
애플소스: 사과 껍질을 벗기고 강판에 간 뒤 과육과 과즙을 1:1 비율로 준비한다. 냄비에 넣고 저으면서 2~3분 정도 중불로 볶아서 수분을 날린다. 갈변을 막고 싶다면 레몬즙을 조금 넣어도 좋다.

담백한 쿠키를 만들고 싶다면 두부를 빼놓을 수는 없죠. 자극적이지 않고 고소한 맛을 가진 검은깨두부쿠키는 요리를 하고 남은 두부를 이용해 간단하게 만들 수 있습니다. 건강한 비건 쿠키를 찾는다면 이 쿠키를 만들어보세요.

검은깨두부쿠키
BLACK SESAME TOFU COOKIE

(8cm 16개)

- 박력분(유기농) 100g
- 두부(부침용 두부) 88g
- 원당(비정제) 60g
- 현미유 42g
- 아몬드가루 24g
- 베이킹파우더 5g
- 검은깨 볶은 것 2g
- 소금 2g

1. 두부를 데치고 면포로 감싼 뒤 눌러서 물기를 완전히 제거한다.
2. 박력분, 아몬드가루, 베이킹파우더, 소금을 체 치고 검은깨와 섞는다.
3. 물기를 뺀 두부를 실리콘 주걱으로 으깬 뒤 원당을 넣고 거품기로 2분 정도 섞는다.
4. 현미유를 조금씩 넣으면서 분리되지 않도록 거품기로 2분 정도 섞는다.
5. 2의 가루류를 넣고 실리콘 주걱으로 날가루가 보이지 않을 때까지 섞는다.
6. 반죽을 오븐 팬에 올리고 손바닥으로 10cm 크기의 사각 모양으로 만든 뒤 냉장고에서 30분 정도 휴지시킨다.
7. 반죽을 테프론시트에 옮기고 유산지를 올린 뒤 밀대로 길이 20cm, 너비 16cm로 밀어서 펴고 그대로 냉장고에서 30분 정도 휴지시킨다.
8. 반죽을 오븐 팬에 옮기고 끝을 칼로 잘라 정리한 뒤 세로 길이의 8cm 지점을 표시해 반죽을 반으로 자른다.
9. 다시 2cm 간격으로 자르고 오븐에 넣은 뒤 170℃에서 15분 정도 굽는다.

TIP
두부의 물기를 잘 빼지 않으면 수분이 많아져 바삭한 쿠키를 만들 수 없다. 면포로 두부의 물기를 최대한 제거하는 것이 좋다.

초등학생 때 외삼촌 집 마당에 있던 무화과 나무에서 마음껏 재래종 무화과를 따서 먹었던 기억은 지금까지도 행복하게 남아 있습니다. 무화과 나무에 주렁주렁 매달린 무화과는 더 싱싱하고 맛있어요. 프랑스에서 살 때 주말이면 시장에 가서 무화과를 장바구니 가득 담았을 정도로 무화과를 좋아합니다. 그 기억을 담은 메이플무화과스콘입니다. 비록 싱싱한 무화과는 아니지만 반건조 무화과로도 맛있는 스콘을 만들 수 있어요.

무화과메이플스콘
FIG MAPLE SCONE

(14cm 8개)
박력분(유기농) 180g
두유 80g
통밀가루(유기농) 75g
현미유 60g
반건조 무화과 50g
원당(비정제) 50g
베이킹파우더 5g
메이플시럽 적당량

1. 오븐은 200℃로 예열하고 박력분, 통밀가루, 베이킹파우더는 미리 체 치고 무화과는 적당한 크기로 자른다.
2. 1의 가루류와 원당을 볼에 넣고 실리콘 주걱으로 가볍게 섞은 뒤 현미유를 넣고 가르듯 섞는다.
3. 두유를 넣고 섞는다.
4. 무화과를 넣고 스크래퍼로 가볍게 섞는다.
5. 반죽을 뭉치고 가로 18cm, 세로 14cm 사각 모양으로 만들어 랩으로 싼 뒤 냉장실에서 30분 정도 휴지시킨다.
6. 길이 14cm, 너비 3cm 크기로 6조각으로 자른다.
7. 반죽을 오븐 팬에 올리고 180℃의 오븐에서 20~25분 정도 굽는다.
8. 구운 스콘에 메이플시럽을 뿌린다.

TIP
무화과는 완전 건조된 것보다 반건조된 것을 사용해야 질기지 않고 단맛도 더 잘 느낄 수 있다. 만약 메이플시럽을 피펫에 넣는다면 스콘을 굽고 피펫을 바로 꽂아야 한다. 식은 뒤에는 잘 꽂히지 않으므로 스콘이 부서질 수도 있다.

어렸을 때 할아버지가 집에 오시면 엄마는 땅콩죽과 카스텔라를 준비했어요. 식도암 투병 중이셨던 할아버지를 위해 땅콩을 볶아 껍질을 벗기고 잘게 잘라 죽을 만들었죠. 할아버지가 오시면 먹을 수 있었던 땅콩죽. 고소한 땅콩의 맛은 할아버지를 떠올리게 합니다. 할아버지가 이 쿠키를 드시면 분명 엄지손가락을 올리셨을 거예요. 땅콩 본연의 맛에 충실한 쿠키입니다.

땅콩쿠키
PEANUT COOKIE

(3cm 13개)

박력분(유기농) 100g
땅콩(분태) 구운 것 80g
피넛버터(무첨가) 70g
원당(비정제) 50g
애플소스(무가당) 40g
비건 버터 30g
아몬드가루 10g
바닐라 익스트랙트(유기농) 2g
소금 1g

1 오븐은 185℃로 예열하고 박력분, 아몬드가루, 소금은 미리 체 친다.
2 피넛버터를 볼에 넣고 실리콘 주걱으로 부드럽게 푼 뒤 비건 버터를 넣고 섞는다.
3 원당을 넣고 골고루 섞는다.
4 애플소스를 넣고 골고루 섞는다.
5 1의 가루류를 넣고 주걱으로 가르듯 섞는다.
6 땅콩과 바닐라 익스트랙트를 넣고 섞는다.
7 반죽을 25g씩 13개로 나누고 3cm 크기 원형으로 빚는다.
8 반죽을 오븐 팬에 올리고 손바닥으로 윗면을 살짝 누른 뒤 175℃의 오븐에서 14분 정도 굽는다.

TIP
원당이 완전히 녹을 때까지 섞지 않는다. 땅콩은 끓는 물에 넣어 5분 정도 데치고 물기를 뺀 뒤 170℃로 예열한 오븐에서 10분 정도 구워서 사용하거나 프라이팬에서 볶아서 사용한다.

'시트롱'은 프랑스어로 '레몬'이라는 뜻입니다. 의외로 새콤하면서 달콤한 스콘은 쉽게 찾을 수가 없어요. 임신했을 때 입덧을 심하게 겪은 이후 상큼하고 새콤한 디저트에 매료돼 만든 레시피 중 하나입니다. 쉽게 구할 수 있는 재료인 레몬을 넣고 레몬생강청을 떠올리며 생강가루를 더했더니 조금 더 매력적이고 고급스러운 맛의 스콘이 완성됐어요.. (p.225 참고)

시트롱스콘
CITRON SCONE

(7cm 8개)

통밀가루(유기농) 150g
박력분(유기농) 150g
포도씨유 120g
원당(비정제) 75g
두유 44g
베이킹파우더 9g
생강가루 1g
소금 1g
레몬제스트 1개 분량

〈시트롱 아이싱〉

슈가파우더 85g
레몬즙 1개 분량

1. 오븐은 200℃로 예열하고 통밀가루, 박력분, 베이킹파우더, 생강가루, 소금을 체 치고 원당을 넣는다.
2. 포도씨유를 ⅓ 정도 넣고 스크래퍼로 가르듯 섞는다.
3. 나머지 포도씨유를 2번에 나눠 넣고 스크래퍼로 가르듯 섞는다.
4. 두유를 넣고 스크래퍼로 가르듯 섞는다.
5. **4**의 반죽을 높이 2.5~3cm, 지름 13~14cm 원형으로 뭉쳐서 랩에 싼 뒤 냉장실에서 30분 정도 휴지시킨다.
6. **5**를 꺼내 삼각형 모양으로 8등분한다.
7. 오븐 팬에 테프론시트를 깔고 반죽을 올린다.
8. 180℃의 오븐에서 20분 정도 굽는다.
9. 슈가파우더와 레몬즙을 섞어 시트롱 아이싱을 만든다.
10. 시트롱 아이싱을 솔을 이용해 스콘 위에 2번 바른다.
11. 레몬제스트로 장식한다.

TIP
생강을 좋아한다면 생강청 15g을 얇고 작게 잘라 시트롱 아이싱에 섞어도 좋다.

감자를 쪄서 먹는 걸 좋아하는데요, 프랑스에 있을 때 밥 대신 찐 감자를 먹는 걸 보고 남편이 왜 그렇게 먹는지 물어보았습니다. 물론 전 그 질문이 이해가 되지 않았어요. 어렸을 때부터 그렇게 먹었고 드라마나 영화에서 자주 봤으니까요. 주방 한편에 기르던 바질과 좋아하는 찐 감자를 넣고 스콘을 만들었습니다. 은은한 바질의 향과 구수한 감자가 잘 어울리는 스콘이에요.

감자바질스콘
POTATO BASIL SCONE

(5.5cm 7개)

- 박력분(유기농) 300g
- 감자 찐 것 190g
- 두유 105g
- 원당(비정제) 72g
- 포도씨유 48g
- 베이킹파우더 8g
- 바질 5g
- 소금 5g
- 후추 약간

1. 오븐은 200℃로 예열하고 박력분, 베이킹파우더, 소금은 미리 체 친다.
2. 1의 가루류와 원당을 볼에 담는다.
3. 포도씨유를 3번에 나눠 넣고 스크래퍼로 가르듯 섞는다.
4. 두유를 넣고 자르듯 섞는다.
5. 감자, 바질을 넣고 후추로 간한 뒤 골고루 섞는다.
6. 반죽을 가로 20cm, 세로 12cm 사각형으로 만들고 냉장고에서 30분 이상 휴지시킨다.
7. 반죽을 5.5cm 크기의 쿠키 커터로 찍는다.
8. 반죽을 오븐 팬에 올린 뒤 180℃의 오븐에서 20분 정도 굽는다.

TIP
감자를 으깨서 반죽에 넣는 것이 아니니 감자는 너무 익히지 않도록 한다.

과일 건조기가 없어도 건강한 간식을 만들 수 있습니다. 비트는 색이 강렬하고 매력적이지만 누구나 선호하는 맛은 아니죠. 하지만 사과와 곁들여 먹는다면 어떨까요.. 홍옥이나 홍로가 나오는 계절에 사과로 칩을 만들어 보세요. 새콤하고 달콤한 사과의 맛을 그대로 느낄 수 있습니다.

사과비트칩
APPLE BEET CHIP

사과 2개
비트 1개
포도씨유 15g
소금 1g
시나몬가루 약간

1 비트는 깨끗하게 씻고 원형 모양을 살리면서 슬라이서로 0.2cm 두께로 껍질째 슬라이스한다.

2 슬라이스한 비트에 붓으로 포도씨유를 바르고 소금을 뿌린 뒤 30분 정도 둔다.

3 사과는 깨끗하게 씻고 심을 제거한 뒤 원형 모양을 살리면서 슬라이서로 0.2cm 두께로 슬라이스한다.

4 비트는 물기를 제거하고 오븐 팬에 올린 뒤 150℃로 예열한 오븐에서 15분마다 1번씩 뒤집으며 1시간 정도 굽는다.

5 **3**에 시나몬가루를 뿌리고 95℃의 오븐에서 1시간 30분 정도 굽는다.

TIP
비트는 굽기 전에 포도씨유와 소금을 뿌려 수분을 충분히 빼야 구운 뒤에 수축을 줄일 수 있다. 포도씨유만 뿌리거나 그냥 굽는다면 눅눅해지거나 크기가 아주 작아지므로 주의한다. 밝은 색의 사과칩을 만들고 싶다면 시나몬가루를 뿌리지 않고 굽는다. 매년 9월 아주 잠깐 출하되는 사과 품종인 홍옥으로 칩을 만들면 새콤하고 달콤한 맛이 더 진해진다.

슈퍼푸드인 시금치는 엽산은 물론 루테인과 각종 영양 성분이 풍부합니다. 자칫 심심할 수 있는 스콘에 비건 파르메산과 선드라이드 토마토를 넣어 스콘 살레Scone salé, 즉 짠맛이 나는 스콘을 만들었습니다. 한여름, 기력이 떨어질 때는 제철 채소 시금치가 들어간 스콘으로 건강을 지키세요.

시금치토마토스콘
SPINACH AND SUNDRIED TOMATO SCONE

(6cm 8개)

박력분(유기농) 280g
포도씨유 80g
두유 60g
시금치즙 50g
선드라이드 토마토 50g
원당(비정제) 48g
비건 파르메산 30g
베이킹파우더 8g
소금 0.5g

1. 오븐은 200℃로 예열하고 선드라이드 토마토는 잘게 자르고 시금치는 착즙한다.
2. 박력분, 베이킹파우더, 소금은 미리 체 친다.
3. 2의 가루류와 원당을 볼에 넣고 골고루 섞는다.
4. 포도씨유를 3번에 나눠 넣고 스크래퍼로 가르듯 섞는다.
5. 비건 파르메산을 넣고 가르듯 섞은 뒤 두유를 넣고 골고루 섞는다.
6. 시금치즙과 선드라이 토마토를 넣고 스크래퍼로 골고루 섞는다.
7. 반죽을 가로 18cm, 세로 12cm의 사각형으로 만들고 냉장고에서 30분 정도 휴지시킨다.
8. 반죽을 사각형으로 8조각을 자르고 오븐 팬에 올린 뒤 180℃의 오븐에서 20~25분 정도 굽는다.

TIP
시금치즙은 한번에 착즙하고 냉동 보관해 사용할 수 있다. 냉동 보관은 1달 정도 가능하며 필요한 양만큼 실온에서 해동해 사용하면 된다.

저는 케일을 착즙 주스로 즐겨 마시지만 남편은 케일의 씁쓸하고 텁텁한 맛을 그다지 좋아하지 않았어요. 건강을 위해 인생의 동반자인 남편에게 케일을 주고 싶었죠. 맛없는 것을 참고 먹어야 하는 것을 이해하지 못하는 남편에게 케일을 칩으로 만들어주면 먹지 않을까 싶었습니다. 다행히 바삭하게 구운 케일을 갈릭소스와 함께 아페리티프로 즐기게 됐어요.

케일칩과 갈릭소스
KALE CHIP AND GARLIC SAUCE

케일 10장
올리브유 30g
〈갈릭소스〉
비건 두유 요거트 100g
마늘 다진 것 10g
아가베시럽(유기농) 15g
레몬즙 3g
비건 파르메산 약간

1 오븐은 150℃로 예열한다.
2 케일은 씻어서 물기를 잘 닦는다.
3 솔을 이용해 케일에 올리브유를 가볍게 바른다.
4 마늘, 아가베시럽, 레몬즙을 두유 요거트에 넣고 섞은 뒤 비건 파르메산을 넣고 섞어 갈릭소스를 만든다.
5 오븐 팬에 종이포일을 깔고 케일을 올린 뒤 140℃의 오븐에서 10분 정도 앞뒤로 바삭하게 굽는다.
6 구운 케일에 갈릭소스를 곁들인다.

제가 처음 포카치아를 만난 건 프랑스 남부에서 살던 때였어요. 토핑에 따라 무한한 맛을 낼 수 있는 포카치아의 매력에 푹 빠지고 말았죠. 그땐 이름도 맛도 생소했지만 지금은 우리나라에서도 쉽게 볼 수 있죠. 아마 이탈리아 레스토랑에서 식사빵으로 드셔보셨을 거예요. 발효종 없이도 가능해서 집에서도 쉽게 만들 수 있는 포카치아를 소개합니다. (p.228 참고)

토마토포카치아
TOMATO FOCACCIA

(20cm 2개)

강력분(유기농) 300g
물 210g
올리브유 23g+약간(코팅용)
원당(비정제) 5g
드라이이스트 5g
소금 5g
방울토마토 적당량
로즈메리 약간

1. 강력분, 원당, 드라이이스트, 소금을 볼에 넣는다. 드라이이스트와 소금은 닿지 않도록 유의한다.
2. 물과 올리브유를 붓는다.
3. 올리브유가 반죽에 잘 섞일 때까지 스크래퍼로 골고루 섞는다.
4. 15분 정도 치대서 한덩어리로 뭉친 뒤 볼에 올리브유를 살짝 바르고 반죽을 넣는다.
5. 랩을 씌우고 실온에서 20분 정도 1차 발효한다.
6. 발효가 끝나면 반죽 한쪽 모서리를 잡아당겨 반대쪽 모서리에 포개고 포갠 모서리면을 다시 반대쪽 모서리로 잡아당겨 이불 개듯이 접는 폴딩을 한다. 다시 실온에서 30분 정도 2차 발효한다.
7. 2차 발효가 끝나면 2차로 폴딩한다.
8. 다시 비닐을 덮고 실온에서 30분 정도 3차 발효한다.
9. 3차 발효가 끝나면 3차로 폴딩한다.
10. 반죽을 한덩어리로 만든 뒤 동일한 크기로 2등분한다.
11. 반죽을 타원형 모양으로 펴고 비닐을 덮은 뒤 마지막으로 실온에서 30분 정도 4차 발효한다.
12. 오븐은 220℃로 예열하고, 발효가 끝나면 손에 올리브유를 듬뿍 묻히고 표면에 손가락으로 구멍을 낸다.
13. 반으로 자른 방울토마토를 구멍에 넣고 로즈메리를 얹는다.
14. 반죽을 오븐 팬에 올리고 190℃의 오븐에서 20분 정도 굽는다.

TIP
물이 차가우면 글루텐 형성이 더디고 물이 너무 따뜻하면 드라이이스트가 죽어 팽창하지 않는다. 폴딩할 때 물이나 올리브유를 손에 묻혀 반죽을 접으면 반죽이 많이 묻지 않아 작업성이 좋다. 폴딩이란 반죽을 가쳤지만 탄성이 약할 때 일정 시간 반복적으로 반죽을 접어주는 제빵 용어로 손반죽에는 꼭 필요한 작업이다.

제2차 세계대전이 끝나고 많은 나라에서 고난을 겪었습니다. 어려운 시절 우리 선조들이 밥을 죽으로 만들어 여러 명이 나눠 먹었듯 이탈리아도 마찬가지였어요. 남은 반죽을 최대한 늘려서 배고프고 가난한 사람들이 먹던 빵이 바로 치아바타입니다. '납작한 슬리퍼'란 뜻의 치아바타를 집에서도 만들 수 있어요.

플레인치아바타
PLAIN CIABATTA

(12cm 6개)

강력분(유기농) 500g+약간 (덧가루용)
물 370g
올리브유(엑스트라버진) 50g +약간 (코팅용)
소금 6g
드라이이스트 4g

1. 27~35℃ 정도의 미온수에 드라이이스트를 넣고 섞는다.
2. 강력분, 소금을 체 쳐서 볼에 넣고 1과 올리브유를 넣은 뒤 실리콘 주걱으로 섞으며 뭉친다.
3. 랩을 씌우고 실온에서 40분 정도 발효한다.
4. 발효가 끝나면 반죽 한쪽 모서리를 잡아당겨 반대쪽 모서리에 접고 접힌 모서리면을 다시 반대쪽 모서리로 잡아당겨 이불 개듯이 접는 폴딩을 한다. 다시 실온에서 40분 정도 2차 발효한다.
5. 손에 올리브유를 듬뿍 묻히고 2차로 폴딩한다.
6. 실온에서 30분 정도 3차 발효한다.
7. 손에 올리브유를 묻히고 3차로 폴딩한다.
8. 실온에서 다시 30분 정도 4차 발효한다.
9. 손에 올리브유를 묻히고 4차로 폴딩한다.
10. 실온에서 다시 30분 정도 5차 발효한다.
11. 반죽에 덧가루를 듬뿍 뿌리고 캔버스 천이나 나무 도마 위에 강력분을 듬뿍 뿌린 뒤 반죽을 올리고 직사각형으로 모양을 잡는다.
12. 반죽을 스크래퍼로 6조각으로 자르고 면포나 면 행주를 덮어 마지막으로 30분 정도 발효한다. 오븐은 240℃로 예열한다.
13. 오븐 팬에 테프론시트를 깔고 반죽을 올린 뒤 210℃의 오븐에서 15분 정도 굽는다.

TIP
반죽을 오븐 팬에 옮길 때는 도구와 손에 덧가루를 듬뿍 발라야 옮기기가 쉽다. 실온에서 발효할 때는 25℃ 정도가 적당하다. 올리브유는 엑스트라버진 올리브유를 사용해야 풍미가 좋다.

한때 베이글을 탐미하던 때가 있었어요. 소설가 조경란 작가님이 추천한 일본의 작은 베이글 가게에서 인생 베이글을 만났죠. 서툰 일본어로 정말 맛있다며 인사를 적었던 곳, 그곳의 맛을 흉내 낼 수 없지만 저만의 베이글을 계속 만들고 있어요. 쫄깃한 식감의 베이글은 이스트를 넣어 발효시킨 반죽을 끓는 물에 데친 뒤 다시 오븐에 굽는데 저는 쌀가루를 이용해 만들었어요. (p.232 참고)

쌀베이글
RICE PLAIN BAGEL

(10cm 6개)
강력 쌀가루 390g
물 240g
원당(비정제) 15g
포도씨유 13g
소금 6g
드라이이스트 4g

1. 강력 쌀가루, 원당, 소금, 드라이이스트를 볼에 넣는다. 드라이이스트와 소금이 닿지 않도록 유의한다.
2. 물을 40℃ 정도로 데운 뒤 포도씨유를 섞는다.
3. **2**를 **1**에 붓고 스크래퍼로 골고루 섞는다.
4. 20분 정도 치대면서 반죽 온도가 27℃가 되면 한덩어리로 만든다.
5. 랩을 씌우고 실온에서 20분 정도 1차 발효한다.
6. 발효가 끝난 반죽을 110g씩 6개로 나눈다.
7. 7cm 정도 길이로 길게 모양을 잡는다.
8. 랩을 씌우고 실온에서 15~20분 정도 휴지시킨다.
9. 반죽을 밀대로 밀어 긴 막대 모양으로 만들고 길게 3번 접은 뒤 가스를 뺀다.
10. 한쪽 끝은 밀대로 밀어 넓게 펴고 반대쪽 끝은 약간 뾰족한 모양으로 만든 뒤 이음매가 위로 오게 한다.
11. 넓게 편 반죽 안으로 뾰족한 모양을 넣어 링 모양을 만들고, 이음매가 아래쪽으로 향하도록 오븐 팬에 올린다.
12. 나머지 반죽 모두 같은 방법으로 성형한다.
13. 반죽 위에 랩을 씌우고 30분 정도 2차 발효한다. 오븐은 210℃로 예열한다.
14. 발효가 끝나면 중불에 물을 끓이고 반죽을 넣어 앞뒤로 20초씩 데친다.
15. 반죽을 바로 오븐 팬에 올리고 180℃의 오븐에서 15분 정도 굽는다.

TIP
데칠 때 물 700g에 원당 7g을 넣으면 베이글 표면에 좀 더 윤기가 생긴다. 반죽할 때 물이 너무 차가우면 글루텐이 형성되지 않고 물이 뜨거우면 드라이이스트가 죽어 팽창하지 않는다.

전래동화 중 "떡 하나만 주면 안 잡아 먹지"의 떡이 흑임자로 만든 떡이었다면? 너무 맛있어서 떡을 먹느라 정신을 홀딱 뺏겨 떡장수 홀어머니를 잡아 먹지 않았을지도 몰라요. 블랙푸드의 대표 식품인 흑임자의 고소한 맛과 향을 무척 좋아합니다. 흑임자의 고소함을 제가 좋아하는 쫄깃한 베이글에 더하고 싶었어요. 아미노산과 필수지방산이 풍부한 흑임자베이글을 소개합니다. 미니 사이즈로 만들어 더 귀여워요.

흑임자베이글
BLACK SESAME BAGEL

(6cm 12개)

강력 쌀가루 390g
물 250g
흑임자가루(국산) 30g
원당(비정제) 15g
포도씨유 13g
소금 6g
드라이이스트 4g

1. 강력 쌀가루, 흑임자가루, 원당, 소금, 드라이이스트를 볼에 넣는다. 소금과 드라이이스트는 닿지 않도록 유의한다.
2. 물은 40℃ 정도의 미온수로 준비하고 1에 붓는다.
3. 포도씨유를 넣고 스크래퍼로 골고루 섞는다.
4. 20분 정도 치대면서 섞고 반죽 온도가 27℃가 되면 한덩어리로 만든다.
5. 랩을 씌우고 실온에서 20분 정도 1차 발효한다.
6. 반죽을 55g씩 12개로 나누고 4cm 길이로 모양을 잡는다.
7. 반죽 위에 랩을 씌우고 실온에서 15~20분 정도 휴지시킨다.
8. 반죽을 밀대로 밀어 긴 막대 모양으로 만들고 길게 3번 접은 뒤 가스를 뺀다.
9. 한쪽 끝은 밀대로 밀어 넓게 펴고 반대쪽 끝은 약간 뾰족한 모양으로 만든다.
10. 반죽의 이음매가 위로 오도록 놓고 넓게 편 반죽 안에 뾰족한 끝을 넣어 링 모양을 만든다.
11. 이음매가 아래쪽을 향하게 반죽을 오븐 팬에 올리고 랩을 씌운 뒤 30분 정도 2차 발효한다. 오븐은 210℃로 예열한다.
12. 발효가 끝나면 중불에서 물을 끓이고 반죽을 넣은 뒤 앞뒤로 10초씩 데친다.
13. 반죽을 오븐 팬에 올리고 180℃의 오븐에서 15분 정도 굽는다.

TIP
성형이 끝난 베이글은 이음매가 아래쪽을 향하도록 올려야 예쁜 모양으로 구울 수 있으므로 위치를 꼼꼼하게 확인하는 것이 좋다.

불포화지방산이 풍부해 노화 예방에 좋은 올리브는 주로 입맛을 돋우는 아페리티프로 먹거나 샐러드에 넣어 먹는데요, 이탈리아를 비롯해 지중해 연안 국가에서는 올리브를 요리의 재료로 사용합니다. 이탈리아의 대표적인 빵 포카치아에 올리브를 넣고 올리브포카치아를 만들었어요.

올리브포카치아
OLIVE FOCACCIA

(20.5cm 1개)

강력분(유기농) 300g
물 210g
올리브유 23g+약간(코팅용)
원당(비정제) 5g
드라이이스트 5g
소금 5g
올리브 적당량
오레가노 약간

1 강력분, 원당, 드라이이스트, 소금을 볼에 넣는다. 드라이이스트와 소금은 닿지 않도록 주의한다.

2 올리브유와 물을 넣고 스크래퍼로 골고루 섞는다.

3 올리브유가 반죽에 잘 섞이도록 15분 정도 치댄다.

4 올리브유를 볼에 살짝 바르고 반죽을 넣은 뒤 랩을 씌우고 실온에서 20분 정도 1차 발효한다.

5 발효가 끝나면 한쪽 모서리를 잡아당겨 반대쪽 모서리에 포개고 포갠 모서리면은 다시 반대쪽 모서리로 잡아당겨 이불 개듯이 접는 폴딩을 한 뒤 랩을 씌우고 실온에서 30분 정도 2차 발효한다.

6 반죽을 2차로 폴딩한다.

7 다시 랩을 씌우고 실온에서 30분 정도 3차 발효한다.

8 반죽을 3차로 폴딩한다.

9 발효가 끝나면 반죽을 가로 20.5cm, 세로 20.5cm 사각 틀에 넣고 면포를 덮은 뒤 마지막으로 실온에서 30분 정도 발효한다. 오븐은 220℃로 예열한다.

10 손에 올리브유를 듬뿍 묻히고 반죽 표면에 손가락으로 구멍을 낸 뒤 반으로 자른 올리브를 넣는다.

11 오레가노를 뿌리고 오븐 팬에 올린 뒤 190℃의 오븐에서 20분 정도 굽는다.

TIP
블랙올리브나 그린올리브를 적당히 섞어서 토핑해도 좋다. 오레가노 대신 좋아하는 허브로 대체할 수 있다.

파리의 지하철역 이름을 보면 역사상 중요한 인물들의 이름을 딴 역들이 있습니다. 그중 파리 지하철 3호선에 파르망티에Parmentier라는 역이 있어요. 파르망티에는 18세기 프랑스 관료로 감자의 중요성을 알리고 감자의 대중화에 기여한 사람입니다. 가난한 사람들이 굶주림에서 벗어날 수 있도록 감자 보급에 앞장섰으며 그 공로를 인정받아 그의 이름을 딴 요리도 있죠. 그의 이름을 붙인 감자빵을 만들어봤습니다.

파르망티에롤브레드
PARMENTIER ROLL BREAD

(23.5cm 1개)
강력분(유기농) 400g
감자 쪄서 으깬 것 280g
두유 230g
원당(비정제) 30g
아가베시럽(유기농) 25g
비건 버터 25g
소금 4g
드라이이스트 4g

1. 강력분, 원당, 소금을 미리 체 쳐서 볼에 넣는다.
2. 두유, 아가베시럽, 드라이이스트를 섞고 1의 가루류에 붓는다.
3. 스크래퍼로 대충 섞고 손으로 치대며 10분 정도 반죽한다.
4. 감자를 넣고 치대면서 5분 정도 반죽한다.
5. 버터를 넣고 골고루 섞이도록 5분 정도 치댄다.
6. 원형 모양으로 만들어 랩을 씌우고 실온에서 40분 정도 1차 발효한다. (실온 온도 25℃ 정도)
7. 발효가 끝나면 반죽 한쪽 모서리를 잡아당겨 반대쪽 모서리에 포개고 포갠 모서리면을 다시 반대쪽 모서리로 잡아당겨 이불 개듯이 접는 폴딩을 한 뒤 실온에서 30분 정도 2차 발효한다.
8. 발효가 끝나면 60g씩 16개로 분할하고 동그랗게 굴린 뒤 랩을 씌우고 실온에서 20분 정도 휴지시킨다.
9. 가스를 빼고 매끈하게 둥글린 뒤 틀에 넣고 마지막으로 50분 정도 발효한다. 오븐은 210℃로 예열한다.
10. 오븐 팬에 올리고 180℃의 오븐에서 20분 정도 굽는다.

TIP
감자는 솔로 깨끗이 씻고 껍질째 쪄서 준비해도 좋다. 감자 껍질에는 영양가가 풍부하고 고소한 맛도 배가된다.

3

든든한 식사

SANDWICH, PASTA, RICE AND DRINK

학창 시절 점심을 먹고 나면 졸음과의 사투가 시작됐습니다. 선생님의 꾸지람에도 꾸벅꾸벅 졸아서 뜨거운 시선을 받아야 했죠. 사회 초년생일 때도 빨리 식사를 하고 잠시나마 책상에 엎드려 쪽잠을 자야 겨우 정신을 차렸습니다. 그래서 앉아서 하는 일보다 몸을 움직이는 일이 더 적성에 맞다고 생각했어요. 그때를 돌이켜보니 끼니마다 고기 요리를 먹었네요. 괴로울 정도로 배가 부르고 나서야 수저를 내려놓았죠. 여전히 맛있는 음식 앞에서 설레는 마음을 감추지 못하며 많은 양을 먹습니다. 대신 내게 맞는 비건 요리를 든든하게 먹으면서 몸을 힘들게 하지 않아요. 이제는 더부룩한 배를 안고 졸지 않습니다. 비건 요리로 몸과 마음은 가볍게, 속은 든든한 채식의 즐거움을 느껴보시기 바랍니다.

재료와 분량은 모두 2인분 기준입니다. 2인 분량이 아닌 메뉴는 재료 옆에 별도로 표기했습니다.

고구마샌드위치와 아이스밀크티

올리브페스토브루스케타와 토마토콜드수프

샌드위치 하면 바삭하게 구운 베이컨이나 녹아 내리는 치즈를 꼭 넣어야 할 것 같습니다. 부드러운 맛을 내기 위해서는 버터나 생크림 없이는 안 될 것 같습니다. 그렇지만 고구마샌드위치는 식물성 재료만으로도 만족스러운 맛을 느낄 수 있을 거예요. 진한 카레향의 고구마샌드위치는 향긋한 비건 밀크티와 잘 어울립니다. 아몬드밀크 특유의 향을 싫어하는 사람도 홍차와 함께라면 맛있게 먹을 수 있죠.

고구마샌드위치
SWEET POTATO SANDWICH

고구마(중) 3개
코코넛밀크 3큰술
메이플시럽 1큰술
카레가루 1큰술
겨자채 적당량
적치커리 적당량
간장 1작은술
카이엔페퍼 약간
소금 약간
캉파뉴 슬라이스한 것 4개
〈매콤 마요네즈〉
비건 마요네즈 50g(p.236 참고)
케첩 1큰술
스리라차 1큰술
메이플시럽 1작은술

1 고구마를 찜기에 찌고 껍질을 제거한 뒤 으깬다.
2 고구마에 메이플시럽, 카레가루, 간장, 카이엔페퍼, 소금을 넣고 골고루 섞는다.
3 코코넛밀크를 넣고 농도를 조절한다.
4 비건 마요네즈에 케첩, 스리차차, 메이플시럽을 넣고 골고루 섞어 매콤 마요네즈를 만든다.
5 그릴팬에 캉파뉴를 올리고 그릴 자국을 살리며 앞뒤로 노릇하게 굽는다.
6 구운 캉파뉴에 4의 매콤 마요네즈를 바른다.
7 겨자채, 적치커리를 올리고 3의 고구마를 채운 뒤 캉파뉴를 덮는다.

TIP
고구마는 수분이 적은 밤고구마를 사용하는 것이 좋고 상처가 적은 것을 고른다.

아이스밀크티
ICED MILK TEA

아몬드밀크 500g
물(뜨거운 것) 100g
원당(비정제) 25g
홍차(티백) 4개

1. 뜨거운 물에 원당을 녹이고 홍차를 넣은 뒤 5분 정도 우린다.
2. 아몬드밀크를 붓고 하룻밤 동안 냉장고에 둔다.
3. 홍차를 건지고 잔에 따른다.

TIP
시판 아몬드밀크로 만든다면 단맛이 첨가되지 않은 제품을 구입하고 취향에 따라 원당을 추가해 단맛을 조절한다.

올리브로 만든 오픈 샌드위치는 와인바의 비건 메뉴 컨설팅 수업을 준비하며 개발한 메뉴로 브런치는 물론 와인 안주로도 좋습니다. 부드럽고 묵직한 맛의 블랙올리브와 풋풋한 향의 그린올리브, 향긋하고 매콤한 케이퍼가 잘 어우러져요. 짭조름한 올리브 요리에는 시원하고 향긋한 토마토 콜드수프를 곁들이면 좋습니다. 대추방울토마토를 사용해 더 진한 맛을 내고 셀러리를 넣어 향긋함을 더했습니다. 셀러리를 좋아하지 않는다면 오이를 넣어 청량감을 주세요.

올리브페스토브루스케타
OLIVE PESTO BRUSCHETTA

블랙올리브 120g
그린올리브 30g
케이퍼 20g
마늘 2쪽
이탈리안 파슬리 3줄기
올리브유 60g
바게트 ½개
레몬즙 1½큰술
후추 약간
〈장식〉
방울토마토 5개
블랙올리브 3개
그린올리브 2개
이탈리안 파슬리 6줄기

1 마늘은 곱게 다지고 이탈리안 파슬리는 듬성듬성 썬다.

2 올리브, 케이퍼, 마늘, 이탈리안 파슬리, 올리브유, 레몬즙, 후추를 푸드프로세서에서 거칠게 간다.

3 장식용 방울토마토와 올리브를 1cm 두께로 슬라이스하고 이탈리안 파슬리는 억센 줄기를 제거한다.

4 바게트는 1.5cm 두께로 어슷하게 썰고 팬에 올려 앞뒤로 노릇하게 굽는다.

5 바게트 위에 **2**의 올리브페스토를 바르고 방울토마토와 올리브를 올린 뒤 이탈리안 파슬리로 장식한다.

TIP
올리브페스토는 볶음밥이나 파스타에도 활용 가능하다.

토마토콜드수프
TOMATO COLD SOUP

대추방울토마토 500g
셀러리 50g
적파프리카 2개
마늘 2쪽
레몬즙 2큰술
올리브유 2큰술
소금 약간
후추 약간
〈장식〉
셀러리 ⅛대
적파프리카 ⅛개

1 방울토마토는 반으로 자르고 셀러리는 1cm 길이로 썬다.
2 적파프리카는 꼭지와 씨를 제거하고 마늘은 곱게 다진다.
3 모든 재료를 블렌더에 넣고 곱게 간다.
4 **3**을 체에 1번 거르고 그릇에 담는다.
5 셀러리와 적파프리카를 사방 0.5cm 크기로 잘라 수프 위에 얹는다.

TIP
더 선명한 색의 토마토콜드수프를 만들고 싶다면 적파프리카의 씨와 하얀색 섬유질을 제거하고 사용한다. 수프에 사용한 채소를 잘게 썰어 곁들이면 씹는 맛을 더하고 장식 효과도 줄 수 있다. 수프를 체에 거르면 부드럽고 가벼운 식감으로 입맛을 돋우고, 거르지 않으면 좀 더 든든하게 먹을 수 있다. 취향에 따라 올리브유나 레몬즙을 추가해도 좋다.

채소구이샌드위치와 토마토사과스무디

알감자구이샐러드와 그린스무디

아직 채소의 매력을 잘 모르겠다면 오븐에 한번 구워보세요. 채소와 올리브유가 어우러진 향과 농축된 식감이 주는 즐거움을 경험할 수 있을 거예요. 겉은 바삭하고 속은 쫀득한 치아바타에 담백한 비건 마요네즈를 바르고 구운 채소를 곁들이는 것만으로 멋진 샌드위치가 완성됩니다. 토마토사과스무디는 평소 즐겨 마시는 음료로 토마토와 사과를 함께 갈면 비타민 B를 파괴하는 설탕을 넣지 않아도 맛있게 마실 수 있어요.

채소구이샌드위치
GRILLED VEGETABLE SANDWICH

치아바타 2개
가지 1개
새송이버섯 1개
적파프리카 1개
양파 ½개
올리브유 3큰술
비건 마요네즈 2큰술(p.236 참고)
소금 약간
후추 약간

1 가지와 새송이버섯은 1cm 두께로 어슷하게 썬다.

2 적파프리카는 꼭지와 씨를 제거하고 링 모양으로 슬라이스한다.

3 양파는 껍질을 제거하고 1cm 두께로 둥글게 슬라이스한다.

4 오븐 팬에 테프론시트를 깔고 가지, 새송이버섯, 적파프리카, 양파를 올린 뒤 올리브유와 소금, 후추를 뿌린다.

5 180℃로 예열한 오븐에서 20분 정도 굽는다.

6 치아바타를 반으로 가르고 한쪽에 비건 마요네즈를 바른다.

7 가지, 양파, 적파프리카, 버섯 순서로 치아바타 사이에 넣는다.

TIP
샌드위치 속 재료로 애호박, 단호박, 토마토 등 다양한 채소를 활용할 수 있다. 발사믹글레이즈나 바질페스토를 곁들여 먹어도 좋다.

토마토사과스무디
TOMATO APPLE SMOOTHIE

토마토 2개
사과 1개
소금 약간

1 토마토를 세척하고 꼭지를 제거한 뒤 듬성듬성 자른다.
2 사과를 깨끗이 씻고 8등분한 뒤 꼭지와 씨를 제거하고 갈기 좋은 크기로 자른다.
3 토마토, 사과, 소금을 블렌더에 넣고 곱게 간다.

TIP
토마토를 좋아한다면 사과와 토마토를 1:2 비율로 넣는다.

중국에서 처음 고수를 접했을 때의 당혹감을 잊지 못합니다. 전라도의 한 식당에서 우연히 먹은 방앗잎이 떠오르는 맛이었죠. 향이 강해서 음식을 가리지 않는 저도 먹기 힘들었고 "고수는 빼고 주세요"라는 중국어를 외워 음식을 주문할 때마다 당부했습니다. 하지만 어느새 그 매력에 스며들었어요. 중국과 동남아시아 여행이 잦아지고 외국 음식 레스토랑이 늘면서 고수의 대우도 달라져 이제는 고수로 만든 음식을 찾아서 먹는 사람도 많습니다. 고수와 아보카도로 만든 딥소스를 곁들인 알감자구이샐러드, 라임과 고수의 향이 돋보이는 그린스무디는 고수마니아라면 분명 만족스러운 한끼가 될 거예요.

알감자구이샐러드
GRILLED POTATO SALAD

알감자 10개
적양파 ¼개
청고추 ½개
라임즙 4큰술
소금 약간
후추 약간
〈아보카도딥소스〉
아보카도 1개
마늘 1쪽
고수 10g
코코넛밀크 ½컵
라임즙 2큰술
소금 ½작은술
후추 약간

1. 알감자는 껍질째 깨끗이 씻고 유산지로 감싼 뒤 180℃로 예열한 오븐에서 20분 정도 익히고 납작하게 누른 다음 170℃에서 15~20분 정도 더 굽는다.
2. 라임즙에 소금, 후추를 넣고 골고루 녹인다.
3. 적양파와 청고추를 다지고 2에 넣은 뒤 골고루 섞는다.
4. 아보카도는 껍질과 씨를 제거한 뒤 듬성듬성 썰고 고수도 듬성듬성 썰고 마늘은 다진다.
5. 4와 코코넛밀크, 라임즙, 소금, 후추를 볼에 넣고 핸드블렌더로 갈아서 아보카도딥소스를 만든다.
6. 1의 감자를 그릇에 담고 3의 살사를 뿌린 뒤 아보카도딥소스를 곁들인다.

TIP
알감자 대신 큰 감자로 만든다면 오븐에서 굽는 시간을 늘리거나 웨지 모양으로 잘라서 굽는다. 아보카도딥소스는 코코넛밀크로 농도를 맞추고 양을 조절한다.

그린스무디
GREEN SMOOTHIE

사과 1개(200g)
오이 2개
쌈케일 3장
고수 5줄기
라임즙 4큰술

1 사과는 씨와 꼭지를 제거하고 갈기 좋은 크기로 썬다.
2 오이는 꼭지를 제거하고 갈기 좋은 크기로 썬다.
3 쌈케일과 고수를 씻고 물기를 제거한 뒤 듬성듬성 자른다.
4 손질한 채소와 라임즙을 블렌더에 넣고 곱게 간다.

TIP
즙용 케일은 섬유질이 많고 향이 강하므로 스무디에는 쌈케일이 더 잘 어울린다. 고수의 향이 너무 강하게 느껴진다면 라임즙을 추가해 좀 더 산뜻하게 만든다.

완두콩페스토콜드파스타와 샬롯피클

채소피자와 오트밀우유

부드러운 완두콩과 향긋한 민트는 사랑스러운 궁합이죠. 봄을 닮은 초록빛 완두콩페스토를 넣은 콜드파스타에는 레드와인으로 만든 붉은빛 샬롯피클이 어울립니다. 양파보다 크기가 작은 샬롯은 수분이 적고 향이 강하고 맛이 달콤해서 피클 재료로 적합합니다.

완두콩페스토콜드파스타
PEA PESTO COLD PASTA

푸실리 150g
물 7½컵
줄기콩 5개
콜리플라워 ⅛개
그린올리브 8개
소금 2½작은술
〈완두콩페스토〉
완두콩 130g
마늘 1쪽
애플민트 10g
올리브유 120g
레몬즙 2큰술
소금 약간
후추 약간

1 페스토용 완두콩은 껍질을 제거하고 끓는 물에 소금(½작은술)을 넣은 뒤 5분 정도 삶는다.

2 줄기콩은 양쪽 끝의 단단한 부분을 제거한 뒤 반을 자르고 콜리플라워는 송이와 대를 분리해 한입 크기로 썬 뒤 끓는 물에 소금 ½작은술을 넣고 2분 정도 삶는다.

3 완두콩 10알을 제외한 삶은 완두콩과 마늘, 애플민트, 올리브유, 레몬즙, 소금, 후추를 블렌더에 넣고 곱게 갈아 완두콩페스토를 만든다.

4 냄비에 물을 끓이고 푸실리, 소금 2작은술을 넣은 뒤 10분 정도 삶고 건진다.

5 푸실리를 3의 완두콩페스토와 버무리고 3의 완두콩 10알, 그린올리브, 줄기콩, 콜리플라워를 곁들인다.

> **TIP**
> 완두콩은 껍질째 삶아서 알을 분리하면 더욱 맛있다. 생완두콩이 나오는 봄이 아닐 경우에는 냉동 완두콩을 뜨거운 물에 가볍게 데친 뒤 물기를 거두고 사용한다.

샬롯피클
SHALLOT PICKLE

샬롯 400g
포도식초 200g
레드와인 50g
월계수잎 3장
물 100g
피클링스파이스 1작은술

1 샬롯은 껍질을 제거하고 길이로 2등분한 뒤 소독한 병에 담는다.
2 포도식초, 레드와인, 월계수잎, 물, 피클링스파이스를 냄비에 넣고 끓인다.
3 한소끔 끓어오르면 불을 끄고 1의 병에 붓는다.
4 한 김 식히고 냉장고에서 3일 정도 숙성한 뒤 먹는다.

TIP
샬롯을 뜨거운 물에 1분 정도 데치고 찬물에 헹구면 껍질을 쉽게 제거할 수 있다. 샬롯 대신 적양파로 만들어도 좋고 매운맛을 원하면 고추를 추가한다. 냉장고에서 1달 정도 보관 가능하다.

포카치아 반죽 위에 토마토페이스트를 바르고 구운 채소만 얹었을 뿐인데 맛있고 예쁜 피자가 되었습니다. 비건 모차렐라는 생략해도 되지만 치즈의 맛이 그립다면 한번 구입해서 피자에도 얹고, 볶음밥, 그릴파니니에도 넣어보세요. 채식에 대한 관심이 늘면서 다양한 비건 상품이 출시되고 있습니다. 비건 버터를 비롯해 비건 치즈, 비건 가공육까지 다양한 제품을 이용하면 좀 더 쉽고 친숙한 비건 요리를 만들 수 있어요. 비건 피자에 직접 만든 오트밀우유를 곁들이는 건 어떨까요? 오트밀우유는 커피, 카카오파우더 등을 넣어 다양한 음료로 활용할 수 있습니다.

채소피자
VEGETABLE PIZZA

(24cm 1개)

포카치아 반죽 레시피의 ½분량 (p.111 참고)
감자 1개
가지 1개
표고버섯 4개
단호박 ⅛개
아스파라거스 3대
토마토페이스트 5큰술 (p.242 참고)
비건 모차렐라 30g

1. 감자와 표고버섯은 0.5cm 두께로 슬라이스하고 가지와 단호박은 1cm 두께로 썬다.
2. 아스파라거스는 아래쪽 두꺼운 대를 얇게 손질하고 어슷하게 썬다.
3. 오븐 팬에 테프론시트를 깔고 손질한 채소를 올린 뒤 180℃로 예열한 오븐에서 10분 정도 굽는다.
4. 포카치아 반죽을 밀어서 둥글게 펴고 채소를 올릴 부분을 누른 뒤 포크로 자국을 내고 오븐 팬에 올린다.
5. 반죽 위에 토마토페이스트를 바르고 가지, 단호박, 아스파라거스, 표고버섯, 감자를 순서대로 올린다.
6. 비건 모차렐라를 뿌리고 230℃로 예열한 오븐에서 10~15분 정도 굽는다.

TIP
포카치아 반죽을 만들기 번거롭다면 식빵이나 토르티야를 이용하여 만들어보자. 토마토페이스트 외에 다양한 제철 페스토도 채소피자에 잘 어울린다.

오트밀우유
OATMEAL MILK

오트밀 70g
물 600g
메이플시럽 15g
소금 ¼작은술

1 오트밀과 잠길 정도의 물(분량 외)을 볼에 넣고 20분 정도 둔다.

2 볼 위에 체를 올리고 **1**의 오트밀을 올려 물기를 뺀다.

3 물에 **2**의 오트밀과 소금을 넣는다.

4 메이플시럽을 넣어 단맛을 더한다.

5 모든 재료를 블렌더에 넣고 곱게 간다.

6 너트밀크백이나 면포로 거르고 꼭 짠다.

(만드는 법 p.246 참고)

TIP
오트밀과 물을 블렌더에 갈 때 메이플시럽 대신 곶감이나 대추야자를 넣어 단맛을 내도 좋다.

두유크림파스타와 옥수수수프

나물파스타와 파인애플살사샐러드

두유는 비건 요리에서 다양하게 사용하는 재료 중 하나로 두유로 크리미한 파스타를 만들 수 있어요. 더 고소한 파스타를 만들고 싶다면 두유와 함께 견과류를 넣어보세요. 옥수수프 역시 두유를 넣으면 더 걸쭉한 질감을 낼 수 있습니다.

두유크림파스타
SOY MILK CREAM PASTA

리가토니 150g
물 7½컵
소금 10g
양파 ½개
양송이버섯 5개
마늘종 3줄기
마늘 1쪽
올리브유 3큰술
〈두유크림〉
두유 200g
마카다미아 20g
소금 ½작은술
후추 약간

1. 냄비에 물을 끓이고 리가토니, 소금을 넣은 뒤 10분 정도 삶고 건진다.
2. 두유와 마카다미아, 소금, 후추를 함께 갈아 두유크림을 만든다.
3. 양파와 마늘은 슬라이스하고 양송이버섯은 4등분하고 마늘종은 5cm 길이로 자른다.
4. 달군 팬에 올리브유를 두르고 양파, 마늘을 넣은 뒤 중약불에서 익힌다.
5. 양송이버섯과 마늘종을 넣고 볶는다.
6. 리가토니와 2의 두유크림을 넣고 졸인다.

TIP
동물성 원료에서 추출한 비타민 D3와 단맛이 가미되지 않은 무첨가 두유를 선택한다. 두유는 열을 가하면 단백질 성분이 응고되면서 굳기 때문에 면수를 넣어 농도를 조절하고 너무 오래 끓이지 않는다.

옥수수수프
CORN SOUP

초당옥수수 2개
양파 ½개
감자 ½개
마늘 3쪽
채수 400g (p.212 참고)
두유 300g
올리브유 2큰술
소금 ½작은술
후추 약간

1 감자는 껍질을 제거하고 0.5cm 두께로 반달썰기 한다.
2 초당옥수수는 반으로 자르고 칼로 알을 뗀다.
3 양파와 마늘은 슬라이스한다.
4 냄비에 올리브유를 두르고 양파와 마늘을 넣은 뒤 투명해질때까지 중약불에서 볶는다.
5 초당옥수수, 감자, 채수, 소금, 후추를 넣고 뚜껑을 닫은 뒤 중불에서 15분 정도 익힌다.
6 감자가 익으면 두유를 넣고 끓이다가 한소끔 끓어오르면 불을 끈다.
7 한 김 식히고 블렌더로 곱게 간 뒤 그릇에 담는다.

TIP
초당옥수수를 사용한다면 감자를 함께 넣는 것을 추천하지만 전분질이 많은 찰옥수수는 옥수수만으로도 걸쭉한 질감을 낼 수 있다.

제철 채소는 신선한 맛이 있고 잘 말린 채소는 지난 계절에 대한 그리움과 함께 응축된 맛과 향을 느끼게 해줍니다. 말린 나물은 무쳐서 먹기도 하고 밥, 조림, 튀김뿐 아니라 리소토나 파스타 같은 서양 요리의 재료로도 사용하죠. 토마토소스에 말린 나물을 넣으면 깊은 풍미가 있어요. 직접 만든 토마토페이스트는 토마토소스의 신맛을 잡아줍니다. 할라페뇨가 들어간 파인애플살사샐러드는 파스타와 잘 어울리는 조합으로 매콤한 토마토파스타와 잘 어울립니다.

나물파스타
DRIED VEGETABLE PASTA

통밀 스파게티 150g
양파 ½개
마늘 2쪽
고구마 줄기 말린 것 20g
애호박 말린 것 10g
물 7½컵
면수 200g
소금 10g
올리브유 3큰술
토마토소스 500g (p.244 참고)

1. 냄비에 물을 끓이고 통밀 스파게티와 소금을 넣은 뒤 10분 정도 삶는다.
2. 고구마 줄기와 애호박을 30분 정도 물에 불리고 물기를 제거한 뒤 고구마 줄기는 5cm 길이로 자르고 애호박은 2등분한다.
3. 양파와 마늘은 얇게 슬라이스한다.
4. 팬에 올리브유를 두르고 양파와 마늘을 넣어 중약불에서 양파가 투명해질 때까지 볶는다.
5. 토마토소스와 고구마줄기, 애호박을 넣고 10분 정도 약불에서 뭉근하게 조린다.
6. 삶은 스파게티를 넣고 면수로 농도를 조절하며 섞는다.

TIP
고구마 줄기나 애호박 대신 가지 말린 것이나 고사리 말린 것 등을 사용해도 좋다. 말린 나물을 불릴 때는 여러 번 물에 헹궈 떫고 아린 맛을 제거한다.

파인애플살사샐러드
PINEAPPLE SALSA SALAD

미니 로메인 1포기
파인애플 1cm 두께로
슬라이스한 것 1개
적양파 ¼개
할라페뇨피클 1개
〈드레싱〉
레몬즙 2큰술
아가베시럽 1큰술
소금 약간

1. 적양파는 0.5cm로 깍둑썰기하고 물에 10분 정도 담근 뒤 건져서 물기를 제거한다.
2. 파인애플과 할라페뇨피클은 사방 0.5cm 크기로 썬다.
3. 레몬즙, 아가베시럽, 소금을 섞어 드레싱을 만든다.
4. 미니 로메인을 3cm 길이로 잘라 그릇에 담고 파인애플, 할라페뇨피클, 적양파와 **3**의 드레싱을 올린다.

TIP
파인애플 대신 망고, 복숭아나 키위 같은 새콤달콤한 과일을 사용해도 좋다.

비건 햄버그스테이크와 코울슬로

콩샐러드토르티야와 청포도셀러리스무디

특별한 분위기를 내고 싶은 날에는 비건 햄버그스테이크를 만들면 어떨까요? 렌틸콩과 채소로 패티를 빚고 비건 데미그라스소스를 곁들이면 레스토랑에서 식사하는 기분이 들죠. 패티를 넉넉히 빚고 오븐에 구운 뒤 냉동 보관해보세요. 햄버거 빵에 비건 마요네즈를 바르고 양상추와 토마토를 넣으면 비건 버거를 만들 수 있습니다. 코울슬로는 샐러드로 먹어도 좋고 부드러운 식빵이나 모닝롤에 넣으면 맛있는 샌드위치가 됩니다.

비건 햄버그스테이크
VEGAN HAMBURG STEAK

렌틸콩 70g
빵가루 20g
양파 ½개(100g)
양송이버섯 2개
비트 ¼개
쪽파 5대
물 150g
미니 당근 2개
방울양배추 3개
올리브유 적당량
소금 약간
〈양념〉
올리브유 2큰술
바질가루 1작은술
소금 1작은술
후추 약간
〈데미그라스소스〉
양파 ¼개
양송이버섯 3개
케첩 3큰술
조청 2큰술
물 2큰술
간장 1½큰술
올리브유 적당량
소금 약간
후추 약간
넛맥 약간

1 렌틸콩은 깨끗이 씻어서 냄비에 넣고 물과 소금을 넣은 뒤 15~20분 정도 삶는다.

2 양파와 양송이버섯은 잘게 다지고 쪽파는 송송 썬다.

3 비트는 얇게 채 썰거나 그레이터로 가늘게 간 뒤 물기를 제거한다.

4 팬에 올리브유를 두르고 양파, 양송이버섯, 비트를 순서대로 넣은 뒤 볶는다.

5 4의 채소와 쪽파, 분량의 양념 재료를 모두 볼에 담는다.

6 빵가루를 넣고 반죽을 치대며 뭉친 뒤 둥글게 빚는다.

7 오븐 팬에 테프론시트를 깔고 6의 반죽을 올린 뒤 솔로 올리브유를 바른다.

8 미니 당근과 방울양배추는 반으로 자른 뒤 올리브유를 넣고 버무린다.

9 180℃로 예열한 오븐에 7의 반죽을 넣고 10분 정도 구운 뒤 뒤집고 미니 당근과 방울양배추를 넣은 다음 170℃에서 15분 정도 더 굽는다.

10 데미그라스소스용 양파와 양송이버섯은 0.5cm 두께로 슬라이스하고 팬에 올리브유를 두른 뒤 양파를 넣고 소금으로 간하며 중약불에서 투명해질 때까지 볶다가 양송이버섯을 넣어 3분 정도 더 볶는다.

11 케첩, 조청, 물, 간장, 후추, 넛맥을 넣고 섞은 뒤 3분 정도 약불로 졸여서 데미그라스소스를 완성한다.

12 9의 햄버그스테이크를 그릇에 담고 데미그라스소스를 뿌린 뒤 미니 당근과 방울양배추를 곁들인다.

코울슬로
COLESLAW

양배추 ⅛개
초당옥수수 ½개
사과 ¼개
비건 마요네즈 50g(p.236 참고)
홀그레인머스터드 1작은술
(p.238 참고)
소금 약간

1 양배추는 슬라이서로 채 썰고 소금을 뿌린 뒤 30분 정도 두고 면포로 수분을 제거한다.

2 사과는 씨앗과 꼭지를 제거하고 얇게 채 썬다.

3 초당옥수수는 알을 분리한다.

4 양배추, 사과, 초당옥수수에 비건 마요네즈와 홀그레인머스터드를 넣고 골고루 버무린다.

TIP
냉장고에서 3일 정도 보관 가능하지만 시간이 지날수록 사과에서 수분이 빠져나오므로 바로 먹었을 때 가장 맛있다.

호텔에서 근무할 때 만들었던 참치샌드위치를 떠올리며 개발한 메뉴입니다. 병아리콩을 갈아 참치처럼 부드러운 식감을 내고 매콤한 청고추와 후추를 듬뿍 넣는 것이 포인트입니다. 청상추와 양상추, 양파, 토마토로 아삭함을 살려서 만든 토르티야에 새콤달콤한 레몬마요네즈를 곁들입니다. 청포도셀러리스무디는 레아샘이 가장 좋아하는 음료입니다. 청포도와 셀러리는 서로의 맛과 향을 부드럽게 끌어 올려줍니다.

콩샐러드토르티야
BEAN SALAD TORTILLA

병아리콩 130g
해바라기씨 70g
당근 ½개
양파 ½개
청고추 1개
토르티야 2장
토마토 1개
청상추 4장
양상추 ¼개
적양파 ¼개
비건 마요네즈 ½컵(p.236 참고)
레몬즙 1작은술
소금 약간
후추 약간
〈레몬마요네즈〉
비건 마요네즈 3큰술(p.236 참고)
메이플시럽 1큰술
레몬즙 1큰술
레몬필 1개분

1 병아리콩은 찬물에 8시간 이상 불린 뒤 씻는다.

2 냄비에 병아리콩, 3배 정도의 물, 소금(½작은술)을 넣고 병아리콩이 물러질 때까지 1시간 정도 삶는다.

3 해바라기씨는 물에 30분 이상 불리고 체에 밭쳐 물기를 제거한다.

4 당근, 양파는 반으로 자른 뒤 1cm 길이로 썰고 병아리콩, 해바라기씨와 함께 푸드프로세서에서 거친 입자가 될 때까지 간다.

5 청상추, 양상추는 잎을 깨끗하게 씻어서 물기를 빼고 토마토와 적양파는 0.5cm 두께로 슬라이스하고 청고추는 꼭지와 씨를 제거한 뒤 잘게 다진다.

6 **4**에 청고추, 비건 마요네즈, 레몬즙을 넣어 버무리고 소금, 후추로 간한다.

7 비건 마요네즈에 메이플시럽, 레몬즙, 레몬필을 섞어 레몬마요네즈를 만든다.

8 토르티야에 레몬마요네즈를 바르고 청상추, 양상추를 올린 뒤 **6**의 콩, 토마토, 적양파를 얹고 다시 레몬마요네즈와 청고추를 뿌린다.

9 토르티야를 아래서 위로 1번 접고 양옆을 안으로 살짝 접은 뒤 돌돌 말고 반으로 자른다.

> **TIP**
> 토르티야는 김밥을 말듯이 안쪽으로 당기면서 말아야 반으로 잘랐을 때 속이 꽉 찬 예쁜 모양이 된다.

청포도셀러리스무디
GRAPE CELERY SMOOTHIE

청포도 400g
셀러리 200g
코코넛워터 200g

1. 청포도는 알알이 떼어 깨끗하게 씻는다.
2. 셀러리는 깨끗하게 씻고 청포도 크기로 자른다.
3. 셀러리와 청포도를 볼에 넣고 코코넛워터로 농도를 조절하며 블렌더로 곱게 간다.

TIP
셀러리 초보자라면 셀러리와 청포도 비율을 1:2로 시작하고 셀러리 향을 좋아한다면 1:1 비율로 셀러리 줄기와 잎까지 넣어 스무디를 만든다. 코코넛워터 대신 물을 넣어도 되지만 코코넛워터가 과일의 깊은 단맛을 한층 더 끌어올린다.

프렌치샐러드샌드위치와 당근수프

채소김밥과 팽이파프리카절임

이 샌드위치는 비네그레트드레싱 또는 프렌치드레싱이라 부르는 드레싱에서 아이디어를 얻은 샌드위치입니다. 보통의 비건 마요네즈는 향이 강하지 않은 포도씨유나 현미유를 사용하지만 이 샌드위치는 올리브유의 특징을 살렸어요. 부드러운 비건 식빵에 향긋한 프렌치마요네즈와 딜, 산뜻한 오이, 그리고 버터헤드레터스를 넣은 초록초록한 샌드위치에는 주홍빛 제주 당근으로 만든 수프를 곁들여보세요. 부드러운 코코넛밀크와 생강청으로 만든 당근수프는 낭만적인 홈카페 메뉴가 될 거예요.

프렌치샐러드샌드위치
FRENCH SALAD SANDWICH

비건 식빵 4장
버터헤드레터스 4장
오이 1개
딜 5줄기
래디시 4개
소금 ½작은술

〈프렌치마요네즈〉
올리브유 120g
두유 50g
양파 10g
마늘 1쪽
메이플시럽 3큰술
레몬즙 3큰술
소금 ½작은술
후추 약간

1 양파와 마늘을 다지고 두유, 메이플시럽, 레몬즙, 소금, 후추를 넣은 뒤 핸드블렌더로 간다.
2 올리브유를 조금씩 넣으며 프렌츠마요네즈를 만든다.
3 오이를 길게 슬라이스하고 소금을 뿌린 뒤 30분 정도 면포로 눌러 수분을 제거한다.
4 래디시는 얇게 슬라이스하고 딜은 거센 줄기를 제거한다.
5 식빵 한쪽에 **2**의 프렌치마요네즈를 바른다.
6 다른 식빵 한쪽에 버터헤드레터스, 오이, 딜, 래디시를 올리고 다시 버터헤드레터스와 **5**의 식빵으로 덮는다.

TIP
식빵에 프렌치마요네즈를 바르고 180℃로 예열한 오븐에서 10분 정도 구우면 고소한 샌드위치가 된다.

당근수프
CARROT SOUP

당근 1개
양파 ½개
채수 300g(p.212 참고)
코코넛밀크 50g
타임 3줄기+2줄기(장식용)
올리브유 2큰술
생강청 1작은술
소금 1작은술
후추 약간

1. 당근은 반달 모양으로 썰고 양파는 슬라이스하고 타임은 단단한 줄기를 제거한다.
2. 냄비에 올리브유를 두르고 양파와 타임을 넣고 볶는다.
3. 당근과 채수를 넣고 뚜껑을 닫은 뒤 중불에서 20분 정도 끓인다.
4. 코코넛밀크와 생강청, 소금, 후추를 넣고 한소끔 끓어오르면 불을 끈다.
5. 한 김 식히고 블렌더에 간 뒤 그릇에 담고 타임으로 장식한다.

TIP
양파는 갈색이 될 때까지 중약불에서 충분히 볶아야 깊은 단맛을 낼 수 있다. 타임 대신 로즈메리 1줄기를 잘게 다져 넣어도 잘 어울린다.

소풍 가는 날 아침이면 김밥을 싸는 엄마 옆에서 하나씩 집어 먹던 기억이 있어요. 여전히 그 맛을 잊지 못합니다. 직접 김밥을 말아야 하는 지금은 김밥 속에 다양한 계절 채소를 넣어 김밥을 만드는 재미를 느낍니다. 이 채식 김밥에는 고운 빛깔의 홍고추와 아스파라거스를 넣었습니다. 고춧가루를 넣은 매콤한 간장양념장에 졸인 우엉볶음과 템페는 입맛을 자극하죠. 여기에 새콤한 드레싱의 팽이파프리카절임를 곁들이면 김밥 1줄로는 멈출 수 없을 거예요.

채소김밥
VEGAN GIMBAP

현미밥 500g(2공기)
김 2장
아스파라거스 4대
템페 ½개
당근 ½개
홍고추 5개
우엉 150g
현미유 적당량
참기름 1작은술
소금 1작은술+약간

〈템페 양념〉
간장 2큰술
물 2큰술
원당(비정제) 1큰술
현미유 ½큰술
고춧가루(고운 것) ¼큰술

〈우엉 양념〉
간장 2큰술
물 2큰술
원당(비정제) 1큰술
현미유 ½큰술
고춧가루(고운 것) ¼큰술

1 현미밥에 소금(1작은술)과 참기름을 넣고 섞는다.

2 템페는 1cm 두께로 길게 자르고 프라이팬에 현미유를 넉넉히 두른 뒤 템페를 넣어 앞뒤로 노릇하게 굽고 분량의 템페 양념 재료를 모두 넣은 다음 5분 정도 조린다.

3 아스파라거스의 두꺼운 아랫부분을 필러로 깎고 뜨거운 물에 소금을 넣고 1분 정도 데친다.

4 당근과 홍고추는 5cm 길이로 가늘게 채 썰고 현미유를 두른 팬에 넣은 뒤 소금으로 간하며 볶는다.

5 우엉은 5cm 길이로 가늘게 채 썰고 현미유를 두른 팬에 넣어 볶은 뒤 분량의 우엉 양념 재료를 모두 넣고 5분 정도 조린다.

6 김에 밥을 얹고 템페, 우엉, 당근, 홍고추, 아스파라거스를 올린 뒤 돌돌 만다.

7 먹기 좋게 자른다.

TIP
홍고추는 씨를 제거하고 썬 뒤 키친타월로 눌러 물기를 제거해야 깔끔하게 볶을 수 있다.
템페는 노릇하게 구운 뒤 양념장을 넣어야 모양이 흐트러지지 않고 유지된다.

팽이파프리카절임
PICKLED MUSHROOM PAPRIKA

팽이버섯 150g
적파프리카 ¼개
홍파프리카 ¼개
〈양념장〉
현미식초 1½큰술
아가베시럽 1작은술
소금 약간

1. 파프리카는 꼭지와 씨앗, 하얀 섬유질을 제거하고 팽이버섯 크기로 잘게 채 썬다.
2. 팽이버섯은 밑동을 자르고 뜨거운 물에 가볍게 데친 뒤 물기를 뺀다.
3. 현미식초와 아가베시럽, 소금을 섞어 양념장을 만들고 파프리카와 팽이버섯을 넣어 절인다.

TIP
팽이파프리카절임은 만든 뒤 바로 먹을 수 있다. 냉장고에 넣어 시원하게 먹으면 더욱 맛있고 냉장고에서 3일 정도 보관 가능하다.

연근주먹밥과 퀴노아수프

채소간장떡볶이와 복숭아아이스티

연근은 밑반찬으로도 좋지만 팬에 노릇하게 구우면 더 색다릅니다. 얇게 썬 연근에 통밀가루를 입혀 구우면 더욱 바삭해요. 구운 연근은 그대로 먹어도 좋지만 둥글게 빚은 현미찹쌀밥 위에 올리면 맛도 모양도 예쁜 주먹밥이 됩니다. 여기에 방울양배추와 함께 맑게 끓인 퀴노아수프를 곁들여보세요. 만약 채수가 없으면 물로 대체해도 좋습니다. 약불에서 인내심을 가지고 천천히 볶은 대파와 양파, 퀴노아에서 우러나온 국물이 구수한 감칠맛을 내죠.

연근주먹밥
GRILLED LOTUS ROOT RICEBALL

현미찹쌀밥 500g
연근 ½개
어린잎 채소 적당량
통밀가루 3큰술
현미유 2큰술
참기름 1작은술
소금 ½작은술
〈연근 양념〉
간장 2큰술
물 2큰술
들깨가루 1큰술
현미식초 1큰술

1 연근은 채소 솔로 문지르며 흐르는 물에 씻고 껍질의 흙을 제거한 뒤 양쪽 끝을 자르고 1cm 두께로 슬라이스한다.

2 연근에 통밀가루를 묻히고 현미유를 두른 팬에 올려 뒤집어가며 양면을 노릇하게 굽는다.

3 분량의 재료를 섞은 연근 양념을 붓고 3분 정도 약불에서 조린다.

4 현미찹쌀밥에 소금과 참기름을 넣고 섞은 뒤 5cm 크기로 둥글게 빚는다.

5 구운 연근을 4의 현미찹쌀밥 위에 올린다.

6 어린잎 채소를 그릇에 담고 5의 연근주먹밥을 올린다.

TIP
통밀가루를 연근에 가볍게 묻히고 구우면 양념이 더 잘 붙는다. 연근을 익힐 때는 센불에서 조리면 익지 않고 양념장이 탈 수도 있으므로 약불에서 익힌다.

퀴노아수프
QUINOA SOUP

퀴노아 80g
방울양배추 8개
미니 당근 4개
황금팽이버섯 50g
양파 ¼개
대파 흰 부분 ½대
채수 3컵(p.212 참고)
올리브유 2큰술
소금 ½작은술

1 퀴노아를 체에 밭치고 흐르는 물에 헹군다.

2 방울양배추는 한 잎씩 떼고 세척한다.

3 대파는 0.5cm 두께로 송송 썰고 양파는 0.5cm 두께로 슬라이스한다.

4 당근은 세로로 2등분한 뒤 한입 크기로 썰고 황금팽이버섯은 밑동을 제거한 뒤 5cm 길이로 자른다.

5 냄비에 올리브유를 두르고 대파와 양파를 넣은 뒤 중약불에서 5분 정도 볶는다.

6 퀴노아, 방울양배추, 당근, 채수, 소금을 넣고 15분 정도 끓인다.

7 황금팽이버섯을 넣고 5분 정도 더 끓인다.

TIP
방울양배추나 미니 당근이 없다면 일반 양배추와 당근을 사용한다.

매콤한 떡볶이도 맛있지만 채소를 즐기기에는 궁중떡볶이가 제격이죠. 지금은 고추장떡볶이가 일반적이지만 이는 고추가 보급되면서 보편화된 것입니다. 간장양념의 궁중떡볶이는 조선 말기 《시의전서》에도 나온 조리법으로 긴 역사가 담긴 음식이죠. 맵지 않아 아이들도 잘 먹고 외국인을 대상으로 하는 한식 수업에서도 사랑받았던 메뉴입니다. 원당에 졸인 복숭아는 여름이 지나가는 아쉬움을 달랜 맛으로 달래줍니다. 진하게 우려낸 홍차에 얼음 몇 알을 동동 띄우고 복숭아조림을 넣으면 복숭아를 건져 먹는 재미가 함께하는 아이스티가 됩니다.

채소간장떡볶이
VEGAN TTEOKBOKKI

쌀떡(떡볶이용) 200g
도라지 50g
만가닥버섯 50g
미나리 30g
생목이버섯 10g
마늘 2쪽
현미유 2큰술
소금 ½작은술
〈양념〉
물 5큰술
조청 3큰술
간장 2큰술
후추 약간

1. 도라지는 가늘게 채 썰고 소금을 넣어 버무린 뒤 30분 정도 두었다가 물에 헹구고 물기를 제거한다.
2. 만가닥버섯은 밑동을 제거한 뒤 가닥가닥 떼고 목이버섯은 나무에 붙어 있던 밑동을 자르고 4등분한다.
3. 미나리는 아랫부분의 두꺼운 대를 자른 뒤 5cm 길이로 자르고 마늘은 얇게 편으로 썬다.
4. 분량의 재료를 골고루 섞어 양념을 만든다.
5. 떡을 끓는 물에 넣고 떠오르면 건진 뒤 찬물에 헹구고 물기를 뺀다.
6. 5의 떡에 4의 양념을 넣고 버무린다.
7. 현미유를 두른 팬에 마늘을 넣고 볶다가 도라지, 만가닥버섯을 넣은 뒤 2분 정도 볶는다.
8. 6의 떡을 넣고 3분 정도 볶아 양념이 배면 목이버섯과 미나리를 넣고 1분 정도 더 볶는다.

TIP
냉동한 떡이나 단단한 떡은 데쳐서 사용하면 양념이 더 잘 배고 윤기가 난다. 도라지를 소금에 버무린 뒤 헹구면 쓴맛을 제거할 수 있고 목이버섯은 너무 오래 볶으면 탈 수 있으니 주의한다.

복숭아아이스티
PEACH ICED TEA

홍차(티백) 2개
복숭아조림시럽 ½분량
뜨거운 물 1컵
얼음 1컵
〈복숭아조림〉(4잔)
복숭아 1개
원당(비정제) 90g
물 50g
레몬즙 2큰술

1. 복숭아는 씻어서 껍질을 벗기고 반달 모양으로 자른다.
2. 냄비에 물, 원당을 넣고 2분 정도 중불로 끓인다.
3. 원당이 녹고 한소끔 끓어오르면 복숭아를 넣고 10~15분 정도 더 익힌다.
4. 레몬즙을 넣고 한소끔 끓어오르면 불을 끈 뒤 소독한 병에 넣어 냉장 보관한다.
5. 뜨거운 물에 홍차를 넣고 5분 정도 우린다.
6. 컵에 복숭아조림을 넣은 뒤 얼음을 넣는다..
7. **5**의 홍차를 컵에 채운다.

TIP
복숭아를 조릴 때는 형태가 유지되도록 너무 무른 복숭아는 사용하지 않는다. 냉동 복숭아를 사용한다면 150g을 넣는다. 복숭아아이스티에 사용하는 홍차는 꽃이나 과일 향이 가미되지 않은 것이 좋다. 탄산수에 복숭아조림을 넣으면 복숭아에이드가 되고 요구르트에 곁들여 먹어도 좋다.

'페스토'는 '찧다' 혹은 '빻다', '부수다'라는 뜻의 이탈리아어에서 기원한 말입니다. 주로 바질로 만들지만 다양한 채소로 만든 페스토가 저마다의 맛과 향으로 식탁을 풍성하게 해줍니다. 참나물페스토볶음밥에 토마토, 양파, 사과농축액으로 단맛을 더한 미소드레싱을 곁들여보세요. 익숙하면서도 이색적인 한끼를 즐길 수 있을 거예요.

참나물페스토볶음밥과 토마토양파샐러드
CHAMNAMUL PESTO FRIED RICE AND TOMATO ONION SALAD

참나물페스토볶음밥

현미밥 400g
양파 ½개
양송이버섯 6개
참나물페스토 3큰술 (p.240 참고)
올리브유 2큰술
진간장 1작은술
후추 약간

1. 양파와 양송이버섯은 0.5cm 두께로 슬라이스한다.
2. 팬에 올리브유를 두르고 양파를 넣어 볶다가 투명하게 익으면 양송이버섯을 넣어 2분 정도 볶는다.
3. 현미밥과 참나물페스토, 진간장, 후추를 넣고 나무 주걱으로 골고루 섞으며 5분 정도 더 볶는다.

토마토양파샐러드

토마토 2개
양파 ¼개
〈미소드레싱〉
생참기름 2큰술
레몬 2큰술
미소 1큰술
사과농축액 1작은술

1. 토마토는 꼭지를 제거하고 가로로 0.5cm 두께로 슬라이스한다.
2. 양파는 얇게 슬라이스하고 찬물에 10분 정도 담갔다가 물기를 제거한다.
3. 분량의 재료를 골고루 섞어 미소드레싱을 만든다.
4. 토마토 사이사이에 양파를 올리고 3의 미소드레싱을 뿌린다.

4

달콤한 디저트
CAKE, DESSERT, CREAM

제가 어릴 때는 케이크를 생일, 어린이날, 그리고 크리스마스에만 먹었어요. 조금 더 성장했을 땐 연인과 특별한 날을 기념하기 위한 디저트였죠. 지금은 특별한 날이 아닌, 일상에서도 케이크를 즐깁니다. 그럼에도 케이크를 즐기지 못하는 사람들이 있습니다. 달걀이나 우유에 알레르기를 가진 사람들 혹은 신념이나 가치관의 이유로 비건을 선택한 사람들입니다. 그런 이들을 위해 그동안 연구하고 노력했던 비건 케이크 레시피를 공유하고자 합니다.

재료 상단에 표기된 수치는 길이 또는 지름 기준입니다.

크렘브륄레는 프랑스어로 '불에 탄 크림'이란 뜻입니다. 달걀, 우유를 사용한 부드러운 크림 위에 설탕을 뿌려 토치로 그을리면 얇은 막의 캐러멜이 만들어져요. 스푼으로 톡 치면 캐러멜이 부서지고 부드러운 크림을 함께 떠먹는 디저트입니다. 즐겨 먹던 크렘브륄레를 비건으로 만들었어요.

크렘브륄레 *글루텐 프리
CRÈME BRÛLÉE

(8cm 라메킨 4개)
두유 요거트 200g
두유 100g
원당(비정제) 60g+약간
감자전분 6g
박력 쌀가루 4g
레몬즙 4g
한천가루 3g
바닐라 익스트랙트 2g
바닐라 빈 ½개

1. 두유 요거트와 레몬즙을 섞어 10분 정도 둔다.
2. 두유와 원당, 바닐라 익스트랙트, 바닐라 빈을 볼에 넣고 거품기로 1분 정도 섞는다.
3. 박력 쌀가루, 감자전분을 넣고 거품기로 골고루 섞는다.
4. 1을 넣고 섞은 뒤 체에 걸러 냄비에 붓고 잘 저어가며 1분 정도 중약불로 끓인다.
5. 한천가루를 넣자마자 실리콘 주걱으로 골고루 저으며 2분 정도 끓인다.
6. 라메킨에 나눠 붓고 냉장실에서 1시간 정도 굳힌다.
7. 굳으면 원당을 살짝 뿌리고 캐러멜 색이 날 때까지 토치로 그을린다.

TIP
감자전분 대신 옥수수전분으로 대체 가능하며 바닐라 익스트랙트가 없다면 생략해도 된다.

'살레Salé'는 프랑스어로 '짠', '짠맛이 나는'이라는 뜻의 형용사입니다. 머핀 살레는 짠맛이 나는 머핀이란 뜻이죠. 단맛의 머핀이 익숙하지만 짠맛이 나는 머핀은 식사 대용으로도 가능합니다. 냉장고에 보관한 다른 채소가 있다면 대체해도 좋아요. 다채로운 맛의 머핀을 만들 수 있을 거예요.

주키니파프리카머핀 *글루텐 프리
ZUCCHINI PAPRIKA MUFFIN

(7cm 6개)

- 주키니 30g
- 적파프리카 30g
- 방울토마토 3개
- 박력 쌀가루 200g
- 두유 200g
- 현미가루(유기농) 100g
- 올리브유 100g+약간(코팅용)
- 원당(비정제) 70g
- 레몬즙 8g
- 베이킹파우더 8g
- 양파가루 4g
- 베이킹소다 2g
- 소금 2g+약간
- 오레가노 2g
- 포도씨유 1작은술
- 들기름 ½작은술
- 후추 약간

1. 오븐은 210℃로 예열한다. 실리콘 붓으로 머핀 틀에 올리브유를 얇게 바른다.
2. 주키니는 2mm 두께의 반달 모양으로 자르고 적파프리카는 1cm 크기 큐브 모양으로 자른다.
3. 프라이팬에 포도씨유와 들기름을 두르고 주키니와 적파프리카를 넣어 2분 정도 볶은 뒤 소금, 후추로 간한다.
4. 박력 쌀가루, 현미가루, 베이킹파우더, 양파가루, 베이킹소다, 소금 2g은 미리 체 치고 오레가노와 섞는다.
5. 두유와 레몬즙을 볼에 넣고 10분 정도 둔다.
6. 5에 원당을 넣고 거품기로 섞는다.
7. 올리브유를 천천히 부으며 분리되지 않도록 2분 정도 거품기로 섞는다.
8. 4의 가루류와 3의 채소를 7에 넣고 실리콘 주걱으로 가볍게 섞는다.
9. 8의 반죽을 짜주머니에 담고 머핀 틀에 130g씩 짠다.
10. 2등분한 방울토마토를 올리고 175℃의 오븐에서 25분 정도 굽는다.

TIP
주키니와 파프리카는 생으로도 먹는 재료이므로 볶지 않고 그대로 반죽에 넣어도 된다. 오레가노의 향이 싫다면 생략해도 좋다.

판나코타 고유의 맛을 비건 재료로 재현하는 건 어려운 일입니다. 우유나 생크림 특유의 고소함을 가진 식물성 우유가 있다면 참 좋겠죠. 하지만 탱글탱글한 이 판나코타는 곁들이는 캐러멜소스와 꽤 잘 어울립니다. 우유로 만든 판나코타와는 다르지만 코코넛밀크의 맛과 향이 매력적인 비건 디저트예요.

코코넛판나코타 *글루텐 프리
COCONUT PANNA COTTA

(7cm 8개)
코코넛밀크 400g
메이플시럽 72g
두유 요거트 60g
한천가루 2g
바닐라 익스트랙트(유기농) 10g
〈코코넛캐러멜소스〉
코코넛밀크 200g
코코넛슈가 100g
〈장식〉
무화과 말린 것 약간
딜 약간

1. 코코넛밀크와 한천가루를 섞고 10분 정도 둔다.
2. 메이플시럽과 두유 요거트를 넣고 거품기로 섞은 뒤 냄비에 붓고 3~5분 정도 저어가며 중불에서 끓인다.
3. 한소끔 끓어오르면 불을 끄고 바닐라 익스트랙트를 넣은 뒤 실리콘 몰드에 70% 정도 채운다.
4. 냉장실에 넣고 1시간 이상 굳힌다.
5. 실온의 코코넛밀크를 볼에 넣고 거품기로 골고루 섞은 뒤 2~3분 정도 중불로 끓인다.
6. **5**의 코코넛밀크를 거품기로 젓다 코코넛슈가를 넣은 뒤 끓을 때까지 거품기로 섞는다.
7. 끓기 시작하면 약불로 줄이고 3분 정도 더 끓인 뒤 불을 끄고 한 김 식혀 코코넛캐러멜소스를 만든다.
8. 실리콘 몰드에서 꺼낸 판나코타 위에 **7**의 코코넛캐러멜소스를 올린다.
9. 무화과와 딜을 얹는다.

TIP
코코넛캐러멜소스는 끓이면서 농도를 조절한다. 끓기 시작한 뒤 센불에서 졸이거나 오랫동안 졸이면 소스가 타버리므로 주의한다.

크렘데세르Crème Dessert는 디저트크림을 뜻하는 프랑스어로 푸딩과 비슷한 디저트입니다. 프랑스인 남편은 언제나 디저트로 식사의 마침표를 찍어야 합니다. 디저트의 뜻을 제대로 실천하고 있죠. 푸딩은 보통 달걀, 유제품, 젤라틴을 이용해 만들지만 이제는 이런 재료가 없어도 디저트크림을 만들 수 있습니다.

망고바닐라크림 *글루텐 프리
MANGO VANILLA CREAM

(9cm 컵 3개)
애플망고 1개
두유 220g
코코넛밀크 60g
원당(비정제) 30g
쌀가루(유기농) 28g
한천가루 2g
바닐라 빈 ½개
〈망고콩포트〉
애플망고(냉동) 150g
원당(비정제) 100g
레몬즙 10g

1 냄비에 망고콩포트용 애플망고와 원당을 섞어 반나절 이상 둔다.

2 쌀가루를 볼에 넣고 두유, 코코넛밀크, 바닐라 빈을 긁어 넣은 뒤 주걱으로 잘 섞는다.

3 **2**를 냄비에 붓고 원당을 넣은 뒤 1분 정도 중불에서 끓인다.

4 한천가루를 넣고 약불로 줄인 뒤 골고루 섞고 1~2분 정도 더 끓인다.

5 **4**의 크림을 잔에 붓고 냉장실에서 1시간 이상 굳힌다.

6 **1**을 중불에서 10분 정도 끓이고 약불로 줄여 5분 정도 끓인 뒤 레몬즙을 넣고 식힌다.

7 크림 위에 **6**의 망고콩포트를 올리고 애플망고를 깍둑썰기해서 올린다. 기호에 따라 타임을 올려도 좋다.

TIP
바닐라 빈 대신 바닐라 익스트랙트 3g으로 대체해도 좋다. 바닐라 빈은 마다가스카르산을 추천한다. 차갑게 먹는 것이 좋다면 3일 정도 냉장 보관 가능하다.

다크초콜릿은 산딸기, 딸기 같은 붉은 과일과 잘 어울리지만 바나나와도 잘 어울리는 조합이죠. 토스트한 식빵에 초콜릿 스프레드를 바르고 바나나를 얹어서 아이에게 간식으로 주는데 그와 비슷한 타르트입니다. 취향에 따라 다른 과일을 넣는 것도 재밌어요. (p.254 참고)

초콜릿바나나타르트
CHOCOLATE BANANA TART

(16.5cm 1개)

- 바나나 1개
- 박력분(유기농) 100g
- 비건 버터 50g
- 물 24g
- 슈가파우더 20g
- 아몬드페이스트(무가당) 16g
- 카카오가루 7g
- 원당(비정제) 5g
- 감자전분 4g
- 소금 1.5g

〈초콜릿크림〉
- 다크초콜릿(발로나 과나하 70%) 250g
- 아몬드밀크 48g
- 두유 40g
- 아가베시럽(유기농) 30g

TIP
초콜릿크림에 넣는 초콜릿은 다크초콜릿 70%를 고집하지 않아도 된다. 함량이 높으면 맛도 쌉싸름한 편이라 57%로 대체해도 괜찮다.

1. 아몬드페이스트, 비건 버터를 볼에 넣고 실리콘 주걱으로 잘 섞는다.
2. 박력분, 카카오가루, 감자전분, 소금을 체 쳐서 1에 넣고 잘 섞는다.
3. 슈가파우더와 원당을 넣는다.
4. 손으로 섞어 보슬보슬한 상태로 만든다.
5. 실리콘 베이킹매트 위에 반죽을 올리고 가운데 물을 넣은 뒤 손으로 잘 섞어 뭉친다.
6. 손바닥으로 짓이기며 누르는 과정을 2~3번 정도 반복한다.
7. 한덩어리로 뭉친 반죽에 랩을 씌우고 냉장실에서 30분 정도 휴지시킨다.
8. 반죽을 꺼내 밀대로 밀어서 0.3~0.5cm 두께의 타르트 틀 모양으로 편다.
9. 타르트 틀에 넣고 가장자리를 정리한 뒤 포크로 바닥에 구멍을 내고 다시 냉장고에서 30분 정도 휴지시킨다.
10. 오븐은 200℃로 예열한다. 초콜릿을 중탕볼에 올려 녹인다.
11. 아몬드밀크와 두유를 냄비에 넣고 데운 뒤 10의 볼에 넣고 5분 정도 실온에 둔다.
12. **11**의 크림을 주걱으로 섞고 아가베시럽을 넣어 초콜릿크림을 만든다.
13. **9**의 반죽을 175℃의 오븐에서 20분 정도 굽고 식힌다.
14. 구운 타르트 바닥에 **12**의 초콜릿크림을 채운다.
15. 바나나를 1cm 두께로 슬라이스하고 **14**에 올린다.
16. 다시 초콜릿크림을 볼록하게 얹고 스패출러로 자연스럽게 모양을 만든다.

'가토오쇼콜라'는 프랑스어로 '초콜릿케이크'라는 뜻입니다. 2018년부터 매년 6월이 되면 유제품 알레르기가 있는 조카를 위해 생일케이크를 주문하는 손님이 계십니다. 맛있는 케이크를 선물받은 조카가 이모 볼에 뽀뽀를 해준다고 해요. 얼마나 신났을까요. 초콜릿을 좋아하지만 유제품 알레르기가 있어 마음껏 케이크를 먹을 수 없는 사람들에게 이보다 더 좋을 수 없는 케이크입니다.

가토오쇼콜라
GÂTEAU AU CHOCOLAT

(15cm 1개)

박력분(유기농) 100g
다크초콜릿(칼리바우트 57%) 100g
애플소스(무가당) 100g
원당(비정제) 96g
두유 78g
현미유 74g
통밀가루(유기농) 40g
아몬드가루 32g
카카오가루(무가당) 25g
베이킹파우더 6g
소금 1.5g

1. 오븐은 200℃로 예열한다. 박력분, 통밀가루, 아몬드가루, 카카오가루, 베이킹파우더, 소금을 미리 체 친다.
2. 다크초콜릿을 중탕으로 녹인다.
3. 원당과 두유를 볼에 넣고 거품기로 1분 정도 섞는다.
4. 현미유를 넣고 분리되지 않게 거품기로 1분 정도 섞은 뒤 애플소스를 넣고 1분 정도 잘 섞는다.
5. **1**의 가루류를 넣고 볼을 돌려가며 날가루가 보이지 않을 때까지 주걱으로 섞은 뒤 **2**의 초콜릿을 넣고 섞는다.
6. 오븐 팬에 유산지를 깔고 **5**의 반죽을 부은 뒤 175℃의 오븐에서 25분 정도 굽는다.

TIP
통밀가루가 없으면 박력분으로 대체해도 좋다. 다크초콜릿은 직화로 녹이지 않고 중탕으로 녹인다. 직화로 녹이면 타버리기 쉽다.

프랑스인인 시부모님께 유자청을 선물했더니 잼처럼 사용하시더라고요. 잼처럼 바르면 어때요. 맛있기만 하면 되죠. 이것이 계기가 돼 유자청을 넣은 케이크를 구상하게 됐습니다. 개성이 강한 얼그레이와 유자는 어울리지 않을 것 같지만 의외로 훌륭한 마리아주를 보입니다. 자칫하면 튈 수 있는 유자의 맛을 얼그레이 향이 부드럽게 감싸주거든요.

얼그레이유자케이크 *글루텐 프리
EARL GREY YUJA CAKE

(15cm 1개)

쌀가루(유기농) 220g
애플소스(무가당) 160g
유자청 잘게 자른 것 93g
현미유 90g
원당(비정제) 90g
두유 90g
아몬드가루 26g
물(뜨거운 것) 26g
베이킹파우더 6g
얼그레이 4g
소금 1g

〈두부유자크림〉
순두부 물기 뺀 것 200g
인스피레이션 유자 100g
아가베시럽(유기농) 40g
현미유 36g

1. 오븐은 200℃로 예열한다. 원형 틀 3개에 유산지를 깐다.
2. 뜨거운 물에 얼그레이를 넣고 우린 뒤 식으면 두유를 넣는다.
3. 쌀가루, 아몬드가루, 베이킹파우더, 소금을 미리 체 친다.
4. 현미유와 원당을 볼에 넣고 거품기로 1분 정도 섞는다.
5. 2의 두유를 넣고 유화시킨 뒤 분리되지 않도록 거품기로 1분 정도 젓다가 애플소스를 넣고 1분 정도 잘 섞는다.
6. 3의 가루류를 넣고 주걱으로 섞은 뒤 유자청을 넣고 섞는다.
7. 6의 반죽을 스쿱으로 틀 3개에 나눠 넣고 175℃의 오븐에서 20분 정도 굽는다.
8. 순두부는 체에 밭쳐 물기를 빼고 인스피레이션 유자는 중탕으로 녹인다.
9. 순두부, 인스피레이션 유자, 아가베시럽, 현미유를 푸드프로세서에 넣고 곱게 갈아서 두부유자크림을 만든다.
10. 7의 시트가 식으면 두부유자크림을 바르고 시트를 덮은 뒤 다시 두부유자크림을 바르고 시트를 덮은 다음 두부유자크림을 바른다.

TIP
두유에 얼그레이를 넣고 하룻밤 동안 냉침하면 더 진하게 우릴 수 있다. 얼그레이는 잎을 걸러내지 않고 케이크에 그대로 넣는다.
3개의 시트를 조합해서 1개의 원형 케이크를 만든 레시피다. 1개를 구워서 자르면 깔끔하지 않아 원형 틀 3개로 나눠 굽는다.

임신 중 7개월 정도를 입덧으로 고생했어요. 매일 울렁거림을 진정시키는 일이 생각보다 쉽지 않았죠. 탄산수에 라임을 듬뿍 넣어 마시며 입덧을 진정시키곤 했습니다. 그 경험 이후 라임과 가장 좋아하는 허브인 바질을 넣은 머핀을 만들게 됐습니다. 상큼한 라임과 바질의 마리아주는 아이들도 무척 좋아하죠. (p.248 참고)

라임바질머핀
LIME BASIL MUFFIN

(7cm 6개)

박력분(유기농) 225g
원당(비정제) 150g
포도씨유 140g+약간(코팅용)
두유 요거트 120g
라임즙 45g
베이킹파우더 6g
바질가루 6g
라임제스트 1개 분량

〈라임 아이싱〉
슈가파우더 50g
라임즙 1개 분량

1. 오븐은 200℃로 예열한다. 실리콘 붓으로 머핀 틀에 포도씨유를 얇게 바른다.
2. 박력분과 베이킹파우더는 미리 체 친 뒤 바질가루를 넣어 섞는다.
3. 두유 요거트와 라임즙을 볼에 넣고 10분 정도 둔다.
4. 원당을 넣고 거품기로 1분 정도 섞는다.
5. 포도씨유를 천천히 넣으면서 거품기로 1분 정도 섞는다.
6. **2**의 가루류를 넣고 실리콘 주걱으로 가볍게 섞는다.
7. 반죽을 짜주머니에 넣어 머핀 틀에 100g씩 담고 180℃의 오븐에서 20분 정도 구운 뒤 틀에서 꺼내 식힌다.
8. 슈가파우더와 라임즙을 섞어 라임 아이싱을 만든다.
9. 구운 머핀 위에 솔로 라임 아이싱을 바르고 라임제스트로 장식한다.

> **TIP**
> 두유 800g과 비건 요거트 스타터 1포(2g)를 요거트 메이커에 넣고 8~10시간 정도 두면 두유 요거트가 완성된다. 이 레시피는 휴럼 요거베리 비건 요거트 스타터를 사용했으며 온라인에서 구입할 수 있다.

우유에서 분리한 크림을 원료로 하는 마스카르포네는 이탈리아식 크림치즈로 밀도가 높고 부드러워요. 나폴레옹이 사랑한 치즈로 유명하죠. 이탈리아 전통 티라미수는 마스카르포네와 달걀을 사용합니다. 하지만 미국으로 건너가 달걀이 생크림으로 대체되고 비싼 마스카르포네는 크림치즈로 변형됩니다. 마스카르포네 없이 만든 티라미수 또한 잠든 나폴레옹을 깨우고 싶은 맛입니다.

티라미수
TIRAMISU

(290ml 유리병 4개)
박력분(유기농) 175g
두유 168g
원당(비정제) 90g
포도씨유 50g
베이킹파우더 8g
쌀조청 5g
애플식초 4g
바닐라 익스트랙트 4g
카카오가루 약간
〈티라미수크림〉
순두부 물기 뺀 것 120g
두유 요거트 70g
아몬드페이스트(무가당) 180g
원당 (비정제) 90g
코코넛오일 48g
〈에스프레소 시럽〉
에스프레소 100g
칼루아 20g

1 오븐은 200℃로 예열한다. 박력분과 베이킹파우더는 함께 체 친다.
2 두유와 애플식초를 볼에 넣고 20분 정도 둔다.
3 포도씨유를 조금씩 넣으며 분리되지 않게 거품기로 1분 정도 섞는다.
4 1의 가루류를 3에 넣고 섞은 뒤 쌀조청과 바닐라 익스트랙트를 넣고 섞는다.
5 틀에 유산지를 깔고 반죽을 부어 윗면을 스패출러로 평평하게 정리한 뒤 175℃의 오븐에서 15~18분 정도 굽는다.
6 코코넛오일을 녹이고 티라미수크림 재료를 한번에 푸드프로세서에 넣은 뒤 부드러워질 때까지 갈고 냉장실에서 30분 정도 굳혀 티라미수크림을 만든다.
7 분량의 재료를 골고루 섞어 에스프레소시럽을 만든다.
8 5의 시트가 식으면 지름 5.5cm 원형 커터로 4개, 지름 6.5cm 원형 커터로 4개를 찍는다.
9 유리병 아래에 작은 크기의 시트, 티라미수크림 35g, 큰 크기의 시트, 티라미수크림 65g을 순서대로 올리고 카카오가루를 뿌린다. 나머지 3개도 같은 방법으로 만든다.

TIP
코코넛오일은 꼭 녹여서 사용한다. 제대로 녹지 않으면 덩어리가 생긴다. 티라미수는 냉장실에서 2시간 정도 보관했다가 먹는다. 1달 정도 두고 먹을 수 있다.

프랑스에 있을 때는 쑥을 구하기가 어려워서 쑥에 대한 애착이 컸습니다. 목 마른 자가 우물을 판다고 하죠. 결국 프랑스에서 어렵게 구한 쑥가루로 쑥케이크를 만들었습니다. '커핀Copain'은 프랑스어로 '친구'라는 뜻으로 'Co'는 '함께', 'Pain'은 '빵'을 뜻합니다. 프랑스어로 친구란 빵을 나누는 사이인 거죠. 이 케이크를 친구와 함께 나눠 먹는 건 어떨까요?

쑥인절미케이크 *글루텐 프리
MUGWORT INJEOLMI CAKE

(6cm 6개)

쌀가루(유기농) 212g
애플소스(무가당) 183g
원당(비정제) 155g
포도씨유 121g
두유 32g
아몬드가루 31g
쑥가루 27g
베이킹파우더 6g
소금 2g

〈인절미크림〉
두유 140g
콩가루 볶은 것 15g
쌀조청 12g
한천가루 1g

1. 오븐은 195℃로 예열한다. 사각형 틀에 유산지를 깔고 쌀가루, 아몬드가루, 쑥가루, 베이킹파우더, 소금은 미리 체 친다.
2. 원당과 포도씨유를 볼에 넣고 거품기로 1분 정도 섞는다.
3. 두유를 넣고 섞은 뒤 애플소스를 넣고 분리되지 않도록 1분 정도 잘 섞는다.
4. 1의 가루류를 넣고 날가루가 보이지 않을 때까지 실리콘 주걱으로 섞는다.
5. 반죽을 틀에 넣고 175℃의 오븐에서 23~25분 정도 굽는다.
6. 두유에 한천가루를 넣고 섞은 뒤 10분 정도 불린다.
7. 콩가루를 볼에 넣고 6을 조금씩 넣으면서 섞은 뒤 냄비에 넣고 중불에서 저으면서 3~5분 정도 끓인 다음 식혀서 인절미크림을 만든다.
8. 5의 쑥케이크가 식으면 6x9cm 크기로 6조각을 자른다.
9. 쑥케이크 위에 인절미크림을 숟가락으로 자연스럽게 붓는다.

TIP
생콩가루를 사용하면 콩 특유의 비린내가 나기 때문에 추천하지 않는다. 퐁듀처럼 시트를 작게 잘라 인절미크림에 찍어 먹어도 좋다.

녹차와 팥의 조화는 무척 익숙하지만 항상 인기 있는 맛이죠. 녹차 특유의 쌉싸래한 맛과 과하지 않은 단팥의 맛으로 균형을 맞추고 쌀가루를 넣어 글루텐 프리 파운드케이크를 만들었습니다. 녹차와 팥의 조화를 비건 파운드케이크로 즐겨보세요.

녹차팥파운드케이크 *글루텐 프리
GREEN TEA AND RED BEAN POUND CAKE

(18cm 1개)

- 두유 190g
- 원당(비정제) 100g
- 쌀가루(유기농) 82g
- 아몬드가루 80g
- 아몬드페이스트(무가당) 70g
- 감자전분 40g
- 녹차가루 15g
- 포도씨유 15g
- 치아시드 10g
- 레몬즙 6g
- 베이킹파우더 5g
- 베이킹소다 4g
- 소금 0.5g

〈팥앙금〉
- 팥 200g
- 원당(비정제) 120g

1. 팥을 씻어서 10시간 이상 불린다. 팥과 팥이 잠길 정도의 찬물(분량 외)을 냄비에 넣고 물이 줄면 다시 찬물을 붓고 끓이기를 반복해서 팥을 익힌다.
2. 팥에 원당을 넣고 수분이 절반 정도 줄 때까지 저으면서 끓여서 팥앙금을 만든다.
3. 오븐은 190℃로 예열한다. 쌀가루, 아몬드가루, 감자전분, 녹차가루, 베이킹파우더, 베이킹소다, 소금을 미리 체 치고 원당을 넣은 뒤 섞는다.
4. 두유, 치아시드, 레몬즙을 다른 볼에 넣고 섞은 뒤 30분~1시간 정도 불린다.
5. 아몬드페이스트를 다른 볼에 넣고 3의 가루류와 4의 액체류를 ⅕씩 넣은 뒤 실리콘 주걱으로 섞는다.
6. 아몬드페이스트가 덩어리지지 않도록 골고루 풀고 포도씨유를 넣은 뒤 실리콘 주걱으로 덩어리가 없을 때까지 섞는다.
7. 나머지 가루류와 액체류를 모두 넣고 날가루가 없어질 때까지 골고루 짓이기며 섞는다.
8. 파운드케이크 틀에 테프론시트를 깔고 반죽 300g을 넣은 뒤 2의 팥앙금 80g을 짜주머니에 넣고 가로로 길게 짠다.
9. 나머지 반죽을 모두 붓고 윗면을 평평하게 정리한다.
10. 170℃의 오븐에서 40분 정도 굽는다.

TIP
감자전분 대신 옥수수전분이나 칡전분을 사용해도 된다. 치아시드의 식감을 좋아한다면 하룻밤 동안 불려서 사용해도 좋다.

커피를 좋아해서 커피 맛 빵과 과자도 좋아합니다. 카푸치노파운드케이크를 만들고 싶었던 것도 개인적인 취향도 있지만 저와 같은 취향이 많을 거라는 근거 없는 자신감 때문이었습니다. 크럼블이 파운드케이크의 질감과 어우러져 더욱 고소한 글루텐 프리 카푸치노파운드케이크를 차와 함께 즐겨보세요. 파운드케이크는 만든 다음 날 먹으면 더 맛있습니다. (p.258 참고)

카푸치노파운드케이크 *글루텐 프리
CAPPUCCINO POUND CAKE

(18cm 1개)

- 두유 140g
- 쌀가루(유기농) 125g
- 원당(비정제) 90g
- 아몬드페이스트(무가당) 70g
- 아몬드가루 40g
- 감자전분 40g
- 포도씨유 15g
- 에스프레소 10g
- 치아시드 10g
- 커피가루(이과수) 8g
- 애플식초 5g
- 베이킹파우더 5g
- 베이킹소다 4g
- 소금 0.5g

〈크럼블〉
- 쌀가루(유기농) 40g
- 포도씨유 29g
- 아몬드가루 20g
- 원당(비정제) 20g
- 애플소스(무가당) 12g
- 커피가루(이과수) 1g

1. 오븐은 190℃로 예열한다. 두유, 애플식초, 치아시드를 섞고 30분~1시간 정도 불려 실온에 둔다.
2. 크럼블 재료를 모두 볼에 넣고 실리콘 주걱으로 가르듯 섞는다.
3. 2를 랩을 씌우고 냉장실에 30분 정도 둔다.
4. 쌀가루, 아몬드가루, 감자전분, 커피가루, 베이킹파우더, 베이킹소다, 소금을 미리 체 치고 원당을 넣은 뒤 섞는다.
5. 4의 가루류의 반, 1의 반을 넣고 섞은 뒤 실리콘 주걱으로 덩어리가 없을 때까지 섞는다.
6. 나머지 가루류와 1을 넣고 날가루가 없어질 때까지 골고루 짓이기며 섞는다.
7. 에스프레소를 넣고 골고루 섞는다.
8. 파운드케이크 틀에 테프론시트를 깔고 7의 반죽을 넣은 뒤 잘 편다.
9. 윗면에 3의 크럼블을 모두 올린다.
10. 170℃의 오븐에서 40분 정도 굽는다.

TIP
톡톡 씹히는 치아시드의 식감을 좋아한다면 두유, 애플식초, 치아시드를 섞어서 하루 정도 불린다. 구운 파운드케이크는 냉장 보관한 뒤 차갑게 먹으면 더욱 맛있다.

맛있는 음식이나 음료를 먹고 나면 오감을 총동원해 그 맛을 기억하려 노력합니다. 파리 마레 지구의 한 카페에서 먹었던 오렌지버터스콘에 반해 생오렌지를 넣은 비건 스콘을 만들고, 흑당라테를 마시고 흑당에 반해 흑당스콘과 무스코바도쿠키를 만들었죠. 트로피컬케이크는 트로피컬그래놀라의 맛을 케이크로 구현한 것입니다. 어느 집에나 있는 커다란 그릇에 비건 제누아즈와 크림, 과일을 채우고 떠서 먹는 케이크예요.

트로피컬케이크
TROPICAL CAKE

(23cm 1개)

- 박력분(유기농) 260g
- 두유 250g
- 원당(비정제) 135g
- 포도씨유 75g
- 베이킹파우더 12g
- 아가베시럽(유기농) 10g
- 레몬즙 8g
- 바닐라 익스트랙트 5g
- 쌀조청 1g
- 병조림 백도 1병
- 병조림 황도 1병

〈30보메시럽〉
- 원당(비정제) 810g
- 물 600g

〈코코넛크림〉
- 코코넛밀크 1500g
- 슈가파우더 210g
- 바닐라 익스트랙트 20g
- 한천가루 10g

TIP
30보메시럽에 10% 정도 분량의 망고 리큐르를 넣으면 깊은 풍미가 더해진다. 복숭아가 무르다면 생과일을 써도 된다.

1 오븐은 195℃로 예열한다. 두유와 레몬즙을 볼에 넣고 20분 정도 둔다.

2 박력분과 베이킹파우더는 미리 체 친다.

3 1에 원당을 넣고 거품기로 섞은 뒤 포도씨유를 조금씩 흘려 넣으며 분리되지 않도록 1분 정도 섞는다.

4 2의 가루류를 넣고 섞은 뒤 아가베시럽, 바닐라 익스트랙트, 쌀조청을 넣고 섞는다.

5 28cm 원형 틀에 유산지를 깔고 4의 반죽을 450g 정도 부은 뒤 22cm 원형 틀에 유산지를 깔고 나머지 반죽 280g을 부은 다음 윗면을 각각 평평하게 정리한다.

6 175℃로 예열한 오븐에서 18분 정도 굽고 한 김 식힌다.

7 원당과 물을 냄비에 넣고 끓인 뒤 식혀 30보메시럽을 만든다.

8 코코넛밀크와 한천가루를 냄비에 넣고 섞은 뒤 20분 정도 둔다.

9 슈가파우더를 섞고 중불에서 3~5분 정도 끓인 뒤 불을 끄고 바닐라 익스트랙트를 넣은 다음 식혀서 코코넛크림을 만든다.

10 6의 제누아즈를 두께 1cm, 지름은 용기(아래 지름 23cm, 위 지름 21.5cm)에 맞춰 자른다.

11 맨 아래에 커다란 제누아즈를 넣고 30보메시럽을 충분히 바른다.

12 백도와 황도를 골고루 올리고 코코넛크림을 올린다.

13 작은 제누아즈를 넣고 백도와 황도를 올린 뒤 코코넛크림을 채운다.

어렸을 때부터 당근을 너무 좋아해서 당근을 싫어하는 친구들의 것도 모조리 제 차지였죠. 아삭아삭한 맛을 좋아해서 당근이 들어가는 요리를 할 때면 당근을 자꾸 집어 먹어요. 제주의 구좌 당근은 무척 유명합니다. 화산 분출물이 섞인 화산회토에서 자라서 달고 부드러운 맛을 가지고 있죠. 자연 그대로의 맛을 느낄 수 있는 제주당근케이크를 소개할게요.

제주당근케이크 *글루텐 프리
JEJU CARROT CAKE

(15cm 1개)
애플소스(무가당) 120g
쌀가루(유기농) 90g
두유 90g
당근 70g
원당(비정제) 70g
설타나 56g
현미가루(유기농) 45g
포도씨유 30g
아몬드가루 20g
감자전분 8g
레몬즙 8g
베이킹파우더 5g
베이킹소다 3g
시나몬가루 3g
소금 1g
견과류(장식용) 약간
〈시나몬코코넛크림〉
순두부 물기 뺀 것 165g
티라미수크림 80g(p.187 참고)
캐슈너트 80g
아가베시럽(유기농) 34g
코코넛오일(유기농) 20g
시나몬가루 6g
넛맥 1g

1. 캐슈너트를 끓인 물에 넣고 1시간 정도 불린 뒤 수분을 제거하고 순두부는 물기를 뺀다.
2. 오븐은 200℃로 예열한다. 당근은 길이 1cm, 두께 0.2cm로 채 썬다.
3. 쌀가루, 현미가루, 아몬드가루, 감자전분, 베이킹파우더, 베이킹소다, 시나몬가루, 소금은 미리 체 친다.
4. 두유에 레몬즙을 넣고 10분 정도 둔 뒤 원당을 넣고 섞는다.
5. 포도씨유를 천천히 넣으며 분리되지 않도록 1분 정도 섞고 애플소스를 넣은 뒤 1분 정도 골고루 섞는다.
6. 3의 가루류를 넣고 섞다가 당근과 설타나를 넣은 뒤 섞는다.
7. 틀에 유산지를 깔고 6의 반죽을 스쿱으로 3개의 틀에 나눠 넣은 뒤 180℃의 오븐에서 10분 굽고 160℃로 낮춰서 10분 정도 더 굽는다.
8. 구운 시트를 틀에서 빼고 식힘망에서 식힌다.
9. 시나몬코코넛크림 재료를 모두 푸드프로세서에 넣고 매끈하게 간다.
10. 3장의 시트 사이사이에 시나몬코코넛크림을 바르고 마지막에는 거친 느낌으로 아이싱한다.
11. 견과류를 잘게 부순 뒤 케이크 위에 장식한다.

TIP
설타나는 청포도를 건조시킨 것으로 건포도로 대체해도 좋다.

비트는 호불호가 나뉘는 재료 중 하나입니다. 특유의 흙 맛, 떫은맛, 비린 맛 때문인데요, 프랑스 슈퍼마켓에서 처음으로 수비드된 비트를 만났고 오히려 비트 특유의 맛에 반해 샐러드를 만들곤 했어요. 어느 날 비트와 고구마를 넣어 만든 샐러드가 이 머핀을 탄생시킨 계기가 됐죠. 비트 특유의 맛과 달콤한 고구마의 조합으로 맛과 건강 모두 챙기세요.

비트고구마머핀 *글루텐 프리
BEET AND SWEET POTATO MUFFIN

(7cm 6개)

쌀가루(유기농) 100g
원당(비정제) 94g
고구마 찐 것 80g+약간(장식용)
두유 80g
현미가루(유기농) 70g
현미유 60g
아몬드가루 30g
비트가루(유기농) 15g
레몬즙 8g
베이킹파우더 6g
홍국쌀가루 3g
소금 1g

1 두유와 레몬즙은 섞어서 2시간 정도 둔다. 오븐은 200℃로 예열한다.

2 고구마는 쪄서 1cm 크기로 깍둑썰기하고 장식용 고구마는 원형으로 자른다.

3 쌀가루, 현미가루, 아몬드가루, 비트가루, 베이킹파우더, 홍국쌀가루, 소금은 미리 체 친다.

4 원당과 현미유를 볼에 넣고 거품기로 섞는다.

5 1의 두유와 레몬즙을 넣고 분리되지 않도록 거품기로 잘 섞는다.

6 3의 가루류를 넣고 섞은 뒤 고구마를 넣고 골고루 섞는다.

7 6의 반죽을 짜주머니에 넣고 유산지를 넣은 머핀 틀에 95g씩 나눠 넣는다.

8 원형으로 자른 고구마를 반죽 위에 올리고 175℃의 오븐에서 20~25분 정도 굽는다.

TIP
고구마는 살짝 설익은 듯 찐다. 푹 찌면 으스러져 식감이 좋지 않다.

고운 빛깔 때문인지 이 녹차크림은 보기만 해도 마음에 안정을 주는 것 같아요. 항산화 작용이 탁월하고 콜레스테롤을 낮춰주는 녹차로 크림을 만들었어요. 녹차 특유의 떫고 쓴맛을 싫어하는 사람도 맛있게 즐길 수 있습니다. 냉동실에 넣어 살짝 굳혔다가 먹어도 좋고 빵에 발라 먹어도 일품이죠.

녹차산딸기크림 *글루텐 프리
GREEN TEA CREAM WITH RASPBERRY

(120ml 유리병 4개)

두유 280g
원당(비정제) 30g
쌀가루(유기농) 26g
녹차가루 5g
한천가루 2g

〈산딸기콩포트〉
냉동 산딸기 200g+약간(장식용)
원당(비정제) 140g
레몬즙 10g

1. 콩포트용 산딸기, 원당을 섞고 10시간 이상 실온에 둔다.
2. 쌀가루, 녹차가루를 볼에 넣고 두유를 넣은 뒤 주걱으로 덩어리지지 않게 잘 섞는다.
3. 2를 체에 걸러 냄비에 붓고 원당을 넣은 뒤 중불에서 1~2분 정도 끓인다.
4. 한천가루를 넣고 약불로 줄인 뒤 골고루 저으며 1~2분 정도 더 끓인다.
5. 농도가 되직해지면 소독한 병에 붓고 냉장실에서 1시간 이상 굳힌다.
6. **1**의 산딸기와 레몬즙을 냄비에 넣고 중불로 끓이다가 한소끔 끓어오르면 약불로 줄인 뒤 10~15분 정도 더 졸이고 식혀서 산딸기콩포트를 만든다.
7. 굳힌 녹차크림 위에 **6**의 산딸기콩포트를 올리고 산딸기로 장식한다.

TIP
산딸기 대신 딸기로 대체해도 된다. 녹차를 좋아한다면 녹차가루를 2g 정도 더 추가한다.

천연가루를 넣은 2가지 색 시트로 케이크를 만들었어요. 빨간색 시트는 홍국쌀가루와 비트가루로 색을 내고 초록색 시트는 시금치즙과 소화 흡수가 잘되는 스피루리나를 이용했습니다. 시금치는 한번에 많은 양을 착즙해 실리콘 얼음 트레이에 넣어 냉동 보관하면 쉽게 사용할 수 있습니다. 겨울에 더 어울리는 케이크로 크리스마스를 준비해보세요.(p.251 참고)

블루베리투톤케이크
BLUEBERRY TWO-TONE CAKE

(15cm 1개)

두유 520g
박력분(유기농) 300g
원당(비정제) 120g
현미유 44g
통밀가루(유기농) 40g
감자전분 20g
레몬즙 16g
베이킹파우더 12g
바닐라 익스트랙트(유기농) 8g
블루베리 100g(장식용)
〈빨간색 시트〉
홍국쌀가루 7g
비트가루(유기농) 7g
〈초록색 시트〉
시금치즙 15g
스피루리나가루 2.5g
〈블루베리잼〉
블루베리 300g
원당(비정제) 210g
물 60g
레몬즙 10g
〈캐슈너트크림〉
캐슈너트 300g
두유 150g
아가베시럽 48g
바닐라 익스트랙트(유기농) 8g

1. 오븐은 200℃로 예열한다. 캐슈너트는 끓는 물에 1~2시간 정도 불린다.
2. 박력분과 통밀가루, 감자전분, 베이킹파우더는 미리 체 친다.
3. 두유와 레몬즙을 볼에 넣고 20분 정도 실온에 둔 뒤 원당을 넣고 거품기로 섞는다.
4. 현미유를 조금씩 넣으며 분리되지 않도록 거품기로 1분 정도 섞는다.
5. 2의 가루류를 넣고 섞은 뒤 바닐라 익스트랙트를 넣고 섞는다.
6. 반죽을 2개의 볼에 나눠 넣고 하나는 홍국쌀가루와 비트가루를 체 쳐서 넣은 뒤 섞는다.
7. 다른 반죽에 시금치즙과 스피루리나가루를 체 쳐서 넣고 섞는다.
8. 오븐 팬에 테프론시트나 유산지를 깔고 각각의 반죽을 붓는다.
9. 175℃의 오븐에서 20분 정도 굽고 170℃로 낮춰서 10분 정도 더 굽는다.
10. 블루베리를 씻고 블루베리, 원당, 물을 냄비에 넣은 뒤 중불에서 끓인다.
11. 한소끔 끓어오르면 레몬즙을 넣고 10~15분 정도 끓인 뒤 식혀서 블루베리잼을 만든다.
12. 1의 물기를 제거하고 두유, 아가베시럽, 바닐라 엑스트랙트와 함께 푸드프로세서에 넣은 뒤 매끈해질 때까지 갈아서 캐슈너트크림을 만든다.
13. 구운 시트를 2등분해 4개의 시트를 만든다.
14. 빨간색 시트, 블루베리잼, 캐슈너트크림, 초록색 시트, 블루베리잼, 캐슈너트크림의 순서로 올린 뒤 같은 방법으로 1번 더 올린다.
15. 남은 캐슈너트크림을 케이크 표면에 바르고 스패출러로 매끈하게 정리한 뒤 블루베리로 장식한다.

'그라스 마티네Grasse Matinée'는 늦잠을 뜻합니다. 프랑스에서 살 때 평일 아침은 전날 저녁에 먹다 남은 바게트를 토스트해서 커피와 마시거나 시리얼, 뮤슬리를 먹었어요. 하지만 주말엔 크루아상을 사 먹거나 팬케이크를 먹곤 했습니다. 저뿐 아니라 프랑스인 중 평일 아침에 갓 구운 바게트나 크루아상을 먹는 사람은 많지 않죠. 바쁘기 때문이에요. 때로는 비건 통밀 팬케이크로 '맛있는' 그라스 마티네를 만들어보세요.

통밀팬케이크
WHOLE WHEAT PANCAKE

(12cm 5장)

두유 280g
통밀가루(유기농) 100g
박력분(유기농) 75g
원당(비정제) 40g
포도씨유 18g+약간
레몬즙 10g
베이킹파우더 7g
소금 0.5g
키위 적당량
청포도 적당량
애플민트 약간

〈비건 꿀〉
아가베시럽(유기농) 160g
쌀조청 30g

1. 두유와 레몬즙을 볼에 넣고 섞은 뒤 30분 정도 둔다.
2. 통밀가루와 박력분, 베이킹파우더, 소금을 미리 체 친다.
3. **1**에 원당을 넣고 거품기로 섞은 뒤 포도씨유를 넣고 거품기로 1분 정도 섞는다.
4. **2**의 가루류를 넣고 거품기로 섞은 뒤 실온에 15분 정도 둔다.
5. 프라이팬을 중불에 달구고 포도씨유를 약간 두른 뒤 **4**의 반죽 1국자를 붓는다.
6. 윗면에 기포가 올라오면 뒤집고 양면을 노릇하게 굽는다.
7. 아가베시럽과 쌀조청을 섞어 비건 꿀을 만든다.
8. 키위는 2cm 크기로 깍둑썰기하고 청포도는 일부만 2등분한다.
9. 구운 팬케이크를 포개어 올리고 비건 꿀과 키위, 청포도, 애플민트를 올린다.

TIP
비건 꿀 대신 메이플시럽으로 대체해도 좋다. 취향에 따라 각종 과일 잼을 얹어서 먹어도 좋다.

초콜릿은 이제 밸런타인데이에만 '특별히' 먹는 디저트가 아닙니다. 초콜릿만 전문적으로 판매하는 곳도 있고 집에서 초콜릿을 만들 수 있는 키트도 쉽게 구할 수 있어요. 틀이 없어도 만들 수 있는 바크초콜릿은 견과뿐 아니라 다양한 건과일이나 비건 쿠키를 넣어 다채로운 맛을 구현할 수 있어 더 좋아요.

바크너트 초콜릿
BARK NUT CHOCOLATE

(19.5cm 1개)
다크초콜릿(발로나 과나하 70%) 300g
통아몬드 20g
피칸 20g
피스타치오 15g
마카다미아 15g

1 볼에 얼음물을 준비한다.

2 19.5X19.5cm 사각 틀에 유산지를 깐다.

3 다크초콜릿을 볼에 넣고 중탕으로 녹여 초콜릿의 온도를 45~50℃ 정도로 만든다.

4 **1**의 얼음물에 **3**의 초콜릿을 올리고 실리콘 주걱으로 빠르게 섞으면서 27℃ 정도로 온도를 낮춘다.

5 **4**의 초콜릿을 다시 중탕으로 녹이며 30~32℃로 온도를 높인다.

6 **5**의 초콜릿을 사각 틀에 붓고 견과류를 골고루 올린 뒤 냉장실에서 3시간 이상 굳힌다.

TIP
견과류를 180℃로 예열한 오븐에서 10분 정도 구워서 사용하거나 프라이팬에 볶아서 사용하면 더욱 고소하다.

딸기타르트는 봄과 어울리는 클래식한 타르트입니다. 단단한 과육이 특징인 죽향딸기와 비건 커스터드크림으로 비건도 즐길 수 있으면서 맛있는 딸기타르트를 만들었어요. 타르트는 만드는 과정이 복잡하지만 특별한 디저트 시간을 계획한다면 꼭 한번 도전해보세요.

딸기타르트
STRAWBERRY TART

(14cm 1개)

박력분(유기농) 63g
원당(비정제) 50g
비건 버터 32g
슈가파우더 12g
물 12g
아몬드페이스트(무가당) 10g
감자전분 4g
소금 0.5g
딸기 적당량
애플민트 약간

〈커스터드크림〉
두유 62g
원당(비정제) 13g
감자전분 8g
한천가루 0.5g
소금 0.5g
바닐라 빈 ½개

1. 비건 버터, 아몬드페이스트를 볼에 넣고 실리콘 주걱으로 부드럽게 섞는다.
2. 슈가파우더와 원당을 넣고 섞은 뒤 박력분, 감자전분, 소금을 체 쳐서 넣는다.
3. 반죽을 보슬보슬한 상태로 만들고 물을 넣은 뒤 실리콘 주걱으로 가르듯이 섞는다.
4. **3**을 작업대에 펴고 손바닥으로 짓이기며 누르기를 2~3번 반복한다.
5. 반죽에 랩을 씌우고 냉장실에서 30분 정도 휴지시킨다.
6. 반죽을 꺼내 밀대로 타르트 틀 크기에 맞게 펴고 틀에 넣는다.
7. 포크로 바닥에 구멍을 내고 다시 냉장고에서 30분 정도 휴지시킨다.
8. 200℃로 예열한 오븐은 175℃로 낮춘 뒤 **7**을 넣고 20분 정도 굽고 식힌다.
9. 두유와 한천가루, 바닐라 빈을 섞고 10분 정도 둔다.
10. 원당, 감자전분, 소금을 볼에 넣고 골고루 섞은 뒤 **9**를 조금씩 부으면서 섞는다.
11. **10**을 냄비에 넣고 중불에서 저으면서 끓이다가 농도가 걸쭉해지면 불을 끈 뒤 넓은 스테인리스 팬에 붓고 표면에 밀착시켜 랩을 덮은 다음 냉장실에서 식혀서 커스터드크림을 만든다.
12. 식힌 타르트에 커스터드크림을 채우고 딸기를 올린 뒤 애플민트로 장식한다.

TIP
커스터드크림을 만들 때 불이 세면 덩어리가 생겨 부드럽게 만들어지지 않을 수 있으니 불조절에 주의한다.

5
기본 비건 요리 수업
BONUS

비건 요리를 만들 때 알아두면 좋은 기본 메뉴를 소개합니다. 초보자도 쉽게 만들 수 있도록 재료와 만드는 법을 친절하게 알려드려요. 기본 국물과 비건 소스 등을 미리 만들어두면 요리가 더욱 간단합니다. 까다로운 베이킹의 기본과 요리법을 익혀두면 책 속 메뉴를 더 쉽게 만들 수 있어요. 계절과 취향에 맞게 재료를 달리해 다양한 메뉴로 활용할 수도 있습니다.

채수

채수는 파 뿌리, 양파 껍질처럼 요리하고 남은 자투리 채소를 다양하게 이용할 수 있다. 서양식 수프에는 셀러리와 당근 또는 타임, 월계수 잎 같은 허브로 향을 내면 좋다. 끓인 채수를 식힌 뒤 냉장 보관하거나 소분해 냉동보관하면 필요할 때마다 사용할 수 있어 편하다. 냉장실에서 1주일, 냉동실에서 1달 정도 보관 가능하다.

재료(2L)_ 물 10컵, 다시마 1장, 무 ⅛개, 양배추 ⅛개, 양파 ½개, 우엉 ½줄기, 표고버섯 3개

1

무와 우엉은 채소 솔로 껍질의 흙을 제거한 뒤 씻는다. 양파와 양배추는 겉잎을 떼어 씻고 표고버섯과 다시마는 젖은 면포로 닦는다. 모든 재료를 냄비에 넣은 뒤 물을 붓는다.

2

20분 정도 중불로 끓인다.

3

국물만 체로 거른다.

아몬드버터

많은 양의 아몬드버터를 만든다면 푸드프로세서를 이용한다. 올리브유를 생략해도 되지만 양이 너무 적으면 잘 갈리지 않고 시간이 오래 걸린다. 메이플시럽이나 조청 같은 단맛을 추가해 사과에 올려 먹거나 빵에 발라 먹어도 좋다. 냉장실에서 1달 정도 보관 가능하다.

재료(320g)_ 아몬드 구운 것 300g, 올리브유 2큰술, 소금 ½작은술

1 아몬드를 깊은 볼에 담고 올리브유와 소금을 넣는다.

2 핸드블렌더로 곱게 간다.

클래식그래놀라

그래놀라를 오븐에 구울 때는 골고루 구워지도록 2~3차례 위아래로 섞는 것이 중요하다. 완성한 그래놀라를 완전히 식힌 뒤 밀폐 용기에 보관하면 실온에서 1주일, 냉동하면 1달 이상 보관 가능하다. 그래놀라는 그대로 먹어도 되지만 샐러드, 수프, 샌드위치, 아이스크림에 토핑하거나 비건 우유와 비건 요거트, 스무디볼에 곁들일 수 있다.

재료(210g)_ 오트밀 150g, 메이플시럽 60g, 아몬드 다진 것 50g, 건포도 25g, 통밀가루 20g, 코코넛오일 10g, 소금 1g

1
오트밀과 아몬드를 볼에 넣고 통밀가루, 소금을 넣는다.

2
다른 볼에 메이플시럽과 코코넛오일을 넣고 섞는다.

3
2를 1에 넣고 골고루 섞는다.

4
3을 오븐 팬에 잘 편다.

5
155℃로 예열한 오븐에서 10분 정도 굽고 140℃로 낮춘 뒤 2~3번 뒤집어가며 30분 정도 더 굽는다.

6
오븐에서 꺼내고 건포도를 넣은 뒤 골고루 섞는다.

블루베리콩포트오트밀

액체에 잘 불어나는 인스턴트 오트밀(퀵쿠킹 오트)을 사용하면 조리 시간을 단축시킬 수 있고 더 부드럽다. 바질시드는 치아시드로 대체하거나 생략 가능하다. 블루베리콩포트가 없다면 메이플시럽이나 조청에 제철 과일 또는 건과일을 곁들여도 좋다. 블루베리콩포트는 빵에 얹어 먹거나 두유에 넣어 음료로 마셔도 좋다.

재료(2인)_ 두유 300g, 블루베리 300g, 오트밀 70g, 원당(비정제) 50g, 레몬즙 20g, 바질시드 15g

1
먹기 전날 밤, 오트밀과 바질시드를 그릇에 담고 두유를 붓는다.

2
잘 섞고 하룻밤 동안 냉장실에 둔다.

3
블루베리와 원당을 섞어 냄비에 넣고 1시간 이상 그대로 둔 뒤 눌러붙지 않도록 주걱으로 저어가며 10분 정도 중불로 졸인다.

4
레몬즙을 넣고 한소끔 끓어오르면 불을 끈다.

5
2의 오트밀에 4의 블루베리콩포트를 올린다.

베리바나나스무디볼

과일이나 채소에 물 또는 식물성 우유를 넣고 갈아 만든 스무디는 식이섬유가 풍부하고 포만감이 있어 식사 대용으로 적합하다. 과일의 수분에 따라 코코넛워터를 줄이거나 생략한다. 냉동 과일을 사용한다면 코코넛워터의 양을 늘린다. 냉장 보관하면 2일 이내에, 냉동 보관하면 1달 이내에 먹는다.

재료(2인)_ 딸기 20개, 산딸기 20개, 바나나 1개, 코코넛워터 ¼컵
<장식> 딸기 6개, 산딸기 12개, 타임 6줄기, 애플민트 6줄기

1
딸기와 산딸기는 깨끗이 씻어서 물기를 빼고 딸기는 꼭지를 제거한다.

2
딸기, 산딸기를 블렌더에 넣고 바나나는 1cm 두께로 슬라이스해서 넣는다.

3
코코넛워터를 넣으며 곱게 간다.

4
장식용 딸기는 길이로 2등분 또는 4등분한다.

5
3의 스무디를 그릇에 담고 딸기와 산딸기를 올린다.

6
애플민트, 타임으로 장식한다.

코코넛 사브레 쿠키

비건 버터에 슈가파우더와 원당을 넣고 섞을 때 원당이 녹을 때까지 섞으면 쿠키가 퍼질 수 있으니 완전히 녹이지 않는다. 밀폐 용기에 보관하면 실온에서 1주일 정도 두고 먹을 수 있다.

재료(2cm 20개)_ 비건 버터 110g, 박력분(유기농) 100g, 슈가파우더 24g, 원당(비정제) 20g, 애플소스(무가당) 18g, 코코넛 슬라이스 15g, 아몬드가루 10g, 코코넛가루 10g, 감자전분 3g, 바닐라 익스트랙트(유기농) 2g, 소금 0.5g

1
비건 버터를 볼에 넣고 실리콘 주걱으로 부드럽게 푼다.

2
슈가파우더와 원당을 넣고 덩어리 없이 잘 섞는다.

3
애플소스를 넣고 섞는다.

4
박력분, 아몬드가루, 코코넛가루, 감자전분, 소금을 체 쳐서 넣는다.

5
스크래퍼로 가르듯 섞는다.

6
바닐라 익스트랙트와 코코넛 슬라이스를 넣고 섞는다.

7
반죽을 한덩어리로 뭉친 뒤 15g씩 20개로 나눠 동그랗게 모양을 잡는다.

8
새알처럼 둥글게 빚는다.

9
오븐 팬에 테프론시트를 깔고 반죽을 올린 뒤 손바닥으로 윗면을 살짝 누른다.

10
170℃로 예열한 오븐에서 13분 정도 굽는다.

시트롱스콘

스콘이 완전히 식은 뒤 아이싱을 하면 스콘과 아이싱이 겉돌 수 있으니 따뜻할 때 아이싱을 한다. 밀폐 용기에 넣으면 실온에서 3~4일 정도 보관 가능하며 냉동하면 2주 정도 먹을 수 있다. 냉동 보관한 스콘은 실온에 두고 자연 해동해서 먹는다.

재료(7cm 8개)_ 통밀가루(유기농) 150g, 박력분(유기농) 150g, 포도씨유 120g, 원당(비정제) 75g, 두유 44g, 베이킹파우더 9g, 생강가루 1g, 소금 1g, 레몬제스트 1개 분량
<시트롱 아이싱> 슈가파우더 85g, 레몬즙 1개 분량

1 통밀가루, 박력분, 베이킹파우더, 생강가루, 소금을 체 치고 원당을 넣는다.

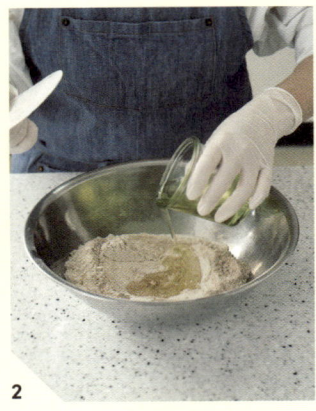

2 포도씨유를 ⅓ 정도 넣고 스크래퍼로 가르듯 섞는다.

3 나머지 포도씨유를 2번에 나눠 넣고 스크래퍼로 가르듯 섞는다.

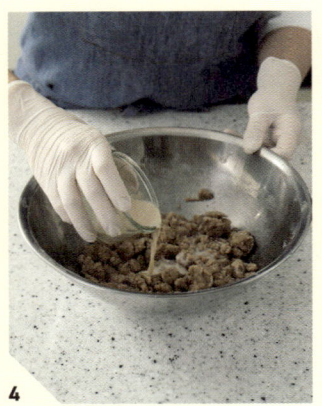

4 두유를 넣고 스크래퍼로 가르듯 섞는다.

5 4의 반죽을 높이 2.5~3cm, 지름 13~14cm 원형으로 뭉쳐서 랩에 싼 뒤 냉장실에서 30분 정도 휴지시킨다.

6 5를 꺼내 삼각형 모양으로 8등분한다.

7

오븐 팬에 테프론시트를 깔고 반죽을 올린다.

8

180℃의 오븐에서 20분 정도 굽는다.

9

슈가파우더와 레몬즙을 섞어 시트롱 아이싱을 만든다.

10

시트롱 아이싱을 솔을 이용해 스콘 위에 2번 바른다.

11

레몬제스트로 장식한다.

토마토포카치아

가정에서는 손반죽으로 글루틴을 만드는 일이 어렵기 때문에 발효시킨 반죽을 이불 접듯이 접어 포개는 폴딩 과정을 여러 번 거쳐야 한다. 포카치아는 보통 허브를 넣어 향을 내기 때문에 취향에 따라 여러 종류의 허브를 넣어도 좋다. 다음 날 먹을 것을 제외하고는 냉동시키면 좋다. 냉동실에서 2주 정도 보관 가능하다.

재료(20cm 2개)_ 강력분(유기농) 300g, 물 210g, 올리브유 23g+약간(코팅용), 원당(비정제) 5g, 드라이이스트 5g, 소금 5g, 방울토마토 적당량

1

강력분, 원당, 드라이이스트, 소금을 볼에 넣는다. 드라이이스트와 소금은 닿지 않도록 유의한다.

2

물과 올리브유를 붓는다.

3

올리브유가 반죽에 잘 섞일 때까지 스크래퍼로 골고루 섞는다.

4

15분 정도 치대서 한덩어리로 뭉친 뒤 볼에 올리브유를 살짝 바르고 반죽을 넣는다.

5

랩을 씌우고 실온에서 20분 정도 1차 발효한다.

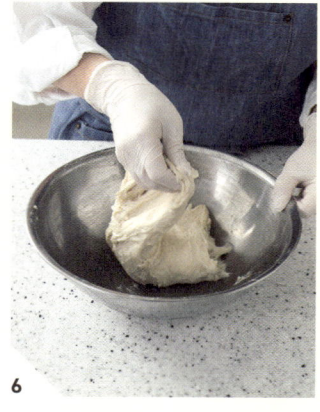

6

발효가 끝나면 반죽 한쪽 모서리를 잡아당겨 반대쪽 모서리에 포개고 포갠 모서리면을 다시 반대쪽 모서리로 잡아당겨 이불 개듯이 접는 폴딩을 한다. 다시 실온에서 30분 정도 2차 발효한다.

7
2차 발효가 끝나면 2차로 폴딩한다.

8
다시 비닐을 덮고 실온에서 30분 정도 3차 발효한다.

9
3차 발효가 끝나면 3차로 폴딩한다.

10
반죽을 한덩어리로 만든 뒤 동일한 크기로 2등분한다.

11
반죽을 타원형 모양으로 펴고 비닐을 덮은 뒤 마지막으로 실온에서 30분 정도 4차 발효한다.

12
발효가 끝나면 손에 올리브유를 듬뿍 묻히고 표면에 손가락으로 구멍을 낸다.

13
반으로 자른 방울토마토를 구멍에 넣는다.

14
오븐 팬에 올리고 190℃의 오븐에서 20분 정도 굽는다.

쌀베이글

베이글은 발효 과정과 뜨거운 물에 데치는 과정, 굽기를 거치면서 이음매가 터지기 쉬우므로 링 모양으로 성형할 때 이음매를 잘 눌러야 한다. 발효가 잘된 반죽은 뜨거운 물에 데칠 때 물 위로 떠오르고 발효가 잘되지 않은 반죽은 가라앉기도 한다. 베이글을 미리 가로로 잘라 냉동 보관하면 해동하고 난 뒤 먹기 편하다.

재료(10cm 6개)_ 강력 쌀가루 390g, 물 240g, 원당(비정제) 15g, 포도씨유 13g, 소금 6g, 드라이이스트 4g

1
강력 쌀가루, 원당, 소금, 드라이이스트을 볼에 넣는다. 드라이이스트와 소금이 닿지 않도록 유의한다.

2
물을 40℃ 정도로 데운 뒤 포도씨유를 섞는다.

3
2를 1에 붓고 스크래퍼로 골고루 섞는다.

4
20분 정도 치대면서 반죽 온도가 27℃가 되면 한덩어리로 만든다.

5
랩을 씌우고 실온에서 20분 정도 1차 발효한다.

6
발효가 끝난 반죽을 110g씩 6개로 나눈다.

7
7cm 정도 길이로 길게 모양을 잡는다.

8
랩을 씌우고 실온에서 15~20분 정도 휴지시킨다.

9
밀대로 밀어 긴 막대 모양으로 만들고 길이로 3번 접은 뒤 가스를 뺀다.

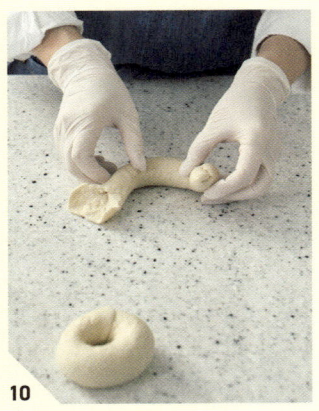

10
한쪽 끝을 밀대로 밀어 넓게 펴고 반대쪽 끝은 약간 뾰족한 모양으로 만든 뒤 이음매가 위로 오게 한다.

11
넓게 편 반죽 안으로 뾰족한 모양을 넣어 링 모양을 만들고 이음매가 아래를 향하도록 오븐 팬에 올린다.

12
나머지 반죽 모두 같은 방법으로 성형한다.

13
반죽 위에 랩을 씌우고 30분 정도 2차 발효한다.

14
발효가 끝나면 중불에 물을 끓이고 반죽을 넣어 앞뒤로 20초씩 데친다.

15
반죽을 오븐 팬에 올리고 180℃의 오븐에서 15분 정도 굽는다.

비건 마요네즈

두유의 단백질 성분을 이용하면 달걀이 들어가지 않은 비건 마요네즈를 만들 수 있다. 고소하고 담백한 비건 마요네즈에 고추냉이, 케첩, 카레 같은 재료를 섞어 다양한 소스를 만들 수도 있다. 비건 마요네즈는 미리 계량하지 않고 만들기 직전에 계량해야 수분과 오일이 잘 섞인다. 반나절 정도 냉장 보관하면 재료가 잘 어우러져 맛이 더욱 깊어지고 질감이 단단해진다. 소독한 병에 보관하면 2주 정도 보관 가능하다.

재료(600g)_ 포도씨유 350g, 두유 200g, 식초 1큰술, 메이플시럽 1큰술, 소금 1작은술

1
두유에 식초를 넣고 섞어서 몽글하게 만든다.

2
메이플시럽을 넣고 거품기로 섞는다.

3
소금을 넣어 간한다.

4
포도씨유를 조금씩 넣으며 핸드블렌더로 섞는다.

홀그레인머스터드

홀그레인머스터드를 숟가락으로 으깨거나 블렌더에 갈면 겨자씨의 매운맛과 향이 더 강해지고 질감이 되직해진다. 그대로 먹으면 톡톡 터지는 식감을 즐길 수 있다. 수분 흡수율이 좋은 겨자씨를 사용한다면 식초의 양을 늘려도 좋다. 화이트와인 식초가 없다면 현미식초나 포도식초로 대체한다. 잘 숙성된 홀그레인머스터드는 부드러운 신맛과 알싸한 매운맛이 조화를 이룬다. 비건 마요네즈에 넣어 머스터드마요네즈를 만들거나 드레싱 재료로 사용하면 좋다. 레몬청, 유자청 같은 과일청과 1:1 비율로 섞어 샐러드에 곁들이거나 오픈 샌드위치에 올려 먹는다. 1달 이상 냉장 보관이 가능하다.

재료(250g)_ 겨자씨 100g, 화이트와인 식초 160g, 원당(비정제) 25g, 소금 ½작은술

1
소독한 용기에 원당, 소금을 넣고 화이트와인 식초를 넣는다.

2
거품기로 잘 섞어서 녹인다.

3
잘 섞이면 겨자씨를 넣는다.

4
주걱으로 골고루 섞는다.

5
실온에서 3일 정도 숙성시키고 냉장 보관한다. 3일 정도 지나면 겨자씨가 액체를 흡수해 수분이 줄어든다.

참나물페스토

참나물이 나오지 않는 계절에는 근대, 깻잎, 바질, 와일드루콜라, 시금치, 고수 등을 이용해 다양한 페스토를 만들 수 있다. 견과류는 캐슈너트 대신 아몬드, 잣, 마카다미아 등으로 대체할 수도 있다. 소독한 병에 담아 보관하고 위에 올리브유를 부어 공기와의 접촉을 막으면 냉장실에서 2주 이상 보관 가능하다.

재료(350g)_ 참나물 100g, 캐슈너트 60g, 마늘 2쪽, 올리브유 150g, 레몬즙 2큰술, 소금 ½큰술, 후추 ¼작은술

1
캐슈너트를 푸드프로세서로 곱게 간다.

2
씻어서 수분을 제거하고 갈기 좋게 자른 참나물을 넣는다.

3
마늘을 잘게 다져서 넣는다.

4
레몬즙, 소금, 후추를 넣고 올리브유를 조금씩 넣으며 곱게 간다.

토마토페이스트

방울토마토를 낮은 온도의 오븐에서 수분을 말리듯 굽는 것이 중요하다. 식품 건조기를 이용한다면 토마토를 말린 뒤 올리브유와 바질, 소금을 넣고 간다. 완성된 토마토페이스트는 토마토소스에 넣어 감칠맛을 더할 수 있고 빵에 바르거나 피자소스로 사용 가능하다. 볶음 요리에 고추장과 함께 넣거나 견과류를 더해 페스토를 만들어도 좋다. 냉장실에서 1주일 정도 보관 가능하다.

재료(150g)_ 방울토마토 500g, 올리브유 1큰술, 바질가루 1작은술, 소금 ½작은술

1
방울토마토는 꼭지를 제거하고 씻어서 물기를 뺀 뒤 2등분하고 티스푼으로 씨를 뺀다.

2
오븐 팬에 테프론시트를 깔고 방울토마토를 올린 뒤 올리브유, 바질가루, 소금을 뿌린다.

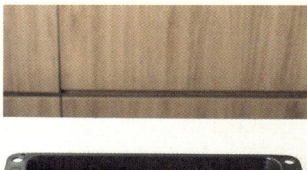

3
100℃로 예열한 오븐에서 1시간 정도 굽는다.

4
3을 한 김 식히고 볼에 담은 뒤 핸드 블렌더로 곱게 간다.

토마토소스

잘 익은 토마토로 만든 토마토소스는 한번 만들어놓으면 냉장실에서 10일 이상 보관 가능하며 다양한 요리에 활용할 수 있다. 파스타, 뇨키, 라비올리 같은 서양 요리의 소스로 사용할 수 있을 뿐 아니라 떡볶이, 주먹밥, 볶음밥에 넣어도 맛있다. 소스에 쓰는 토마토는 완숙 토마토나 대추방울토마토를 추천한다. 토마토페이스트가 없다면 원당을 약간 추가해 토마토의 신맛을 줄인다.

재료(500g)_ 토마토 600g, 양파 ½개, 마늘 2쪽, 토마토페이스트 30g(p.242 참고), 바질 5장, 월계수 잎 3장, 크러시드 칠리페퍼 ¼작은술, 올리브유 3큰술, 소금 1작은술, 후추 약간

1
토마토는 칼집을 내고 껍질이 자연스럽게 벌어질 때까지 뜨거운 물에서 데친다.

2
토마토를 체로 건져서 찬물에 담갔다 바로 건진다.

3
토마토는 껍질과 꼭지를 제거하고 1cm 크기로 슬라이스한다.

4
양파와 마늘, 바질은 잘게 다지고 팬에 올리브유를 두른 뒤 양파와 마늘을 넣고 중약불에서 양파가 투명해질 때까지 볶는다.

5
3의 토마토와 토마토페이스트, 바질, 월계수 잎, 칠리페퍼, 소금, 후추를 넣고 볶는다.

6
10분 정도 뭉근하게 끓인다.

오트밀우유

유당불내증이 있는 사람도 편하게 즐길 수 있는 식물성 우유다. 오트밀을 물과 함께 갈아서 그대로 마시면 걸쭉하고 포만감을 주고 너트밀크백에 거르면 부드럽고 가벼운 느낌이다. 너트밀크백에 맑게 거른 뒤 냉장실에서 3일 이상 보관 가능하다. 먹기 전에 침전된 오트밀을 잘 흔들어 마셔야 균일한 농도의 우유를 즐길 수 있다.

재료(2인)_ 오트밀 70g, 물 600g, 메이플시럽 1큰술, 소금 ¼작은술

1
오트밀과 잠길 정도의 물을 볼에 넣고 20분 정도 둔다.

2
볼 위에 체를 올리고 1의 오트밀을 올려 물기를 뺀다.

3
물에 2의 오트밀과 소금을 넣는다.

4
메이플시럽을 넣어 단맛을 더한다.

5
모든 재료를 블렌더에 넣고 곱게 간다.

6
너트밀크백이나 면포로 거르고 꼭 짠다.

라임바질머핀

시판 라임즙을 사용하면 라임 특유의 새콤달콤한 맛이 잘 드러나지 않으므로 생라임을 착즙해서 만드는 것이 좋다. 밀폐 용기에 넣고 실온에서 3~4일 정도, 냉장실에서 1주일 정도 보관 가능하다.

재료(7cm 6개)_ 박력분(유기농) 225g, 원당(비정제) 150g, 포도씨유 140g+약간(코팅용), 두유 요거트 120g, 라임즙 45g, 베이킹파우더 6g, 바질가루 6g

1
두유 요거트와 라임즙을 볼에 넣고 10분 정도 둔다.

2
원당을 넣고 거품기로 1분 정도 섞는다.

3
포도씨유를 천천히 넣으면서 거품기로 1분 정도 섞는다.

4
체 친 박력분과 베이킹파우더, 바질 가루를 넣는다.

5
실리콘 주걱으로 가볍게 섞는다.

6
반죽을 짜주머니에 넣는다.

7
머핀 틀에 포도씨유를 바르고 반죽을 100g씩 짠 뒤 180℃로 예열한 오븐에서 20분 정도 구운 다음 틀에서 꺼내 식힌다.

투톤케이크 시트

투톤 케이크는 2개의 다른 컬러의 시트를 만드는 것으로 구운 시트의 색깔이 중요하다. 천연가루를 이용해 색을 내는 것이므로 천연가루와 시금치즙의 양을 정확히 지켜야 한다. 구운 시트는 냉동실에서 2주 정도 보관 가능하다.

재료(15cm 1개)_ 두유 260g, 박력분(유기농) 150g, 원당(비정제) 60g, 현미유 22g, 통밀가루(유기농) 20g, 감자전분 10g, 레몬즙 8g, 베이킹파우더 6g, 바닐라 익스트랙트(유기농) 4g
<빨간색 시트> 홍국쌀가루 3.5g, 비트가루(유기농) 3.5g
<초록색 시트> 시금치즙 7.5g, 스피루리나가루 1.8g

1 두유와 레몬즙을 볼에 넣고 20분 정도 실온에 둔 뒤 원당을 넣는다.

2 거품기로 잘 섞는다.

3 현미유를 조금씩 넣으며 분리되지 않도록 거품기로 1분 정도 섞는다.

4 박력분과 통밀가루, 감자전분, 베이킹파우더는 체 친 뒤 3에 넣고 섞는다.

5 바닐라 익스트랙트를 넣고 섞는다.

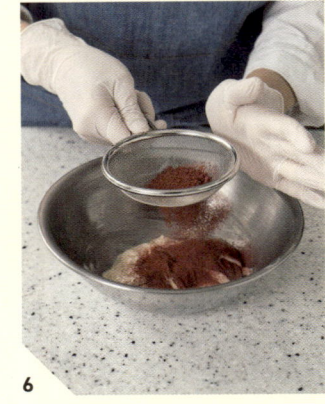

6 반죽을 2개의 볼에 나눠 넣고 하나는 홍국쌀가루와 비트가루를 체 쳐서 넣은 뒤 섞는다.

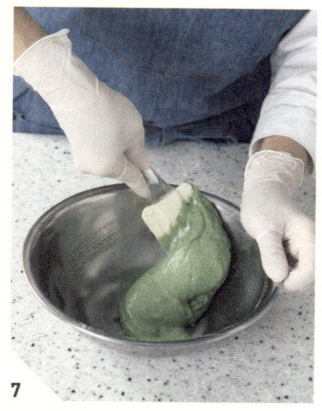

7 다른 반죽에 시금치즙과 스피루리나가루를 체 쳐서 넣고 섞는다.

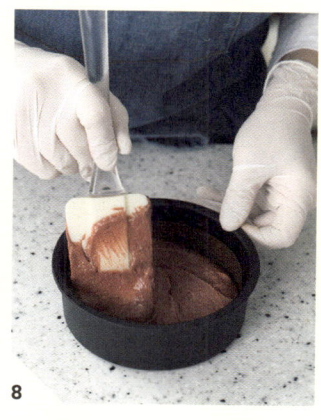

8 오븐 팬에 테프론시트를 깔고 각각의 반죽을 붓는다.

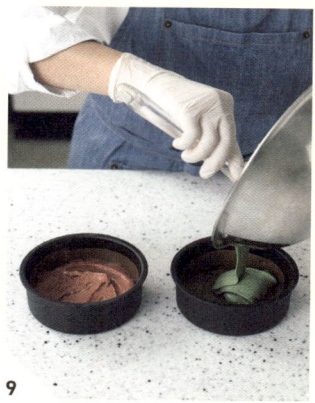

9 175°C의 오븐에서 20분 정도 굽고 170°C로 낮춰서 10분 정도 더 굽는다.

10 윗부분이 평평해지도록 잘라서 사용한다.

초콜릿바나나타르트

초콜릿크림에 넣는 다크 초콜릿은 카카오 함량이 낮은 것을 사용해도 좋다. 후숙이 잘된 바나나를 사용하면 바나나 향과 맛을 더 살릴 수 있다. 실온에 2일 정도 보관 가능하다.

재료(16.5cm 1개)_ 바나나 1개, 박력분(유기농) 100g, 비건 버터 50g, 물 24g, 슈가파우더 20g, 아몬드페이스트(무가당) 16g, 카카오가루 7g, 원당(비정제) 5g, 감자전분 4g, 소금 1.5g
<초콜릿크림> 다크초콜릿(발로나 과나하 70%) 250g, 아몬드밀크 48g, 두유 40g, 아가베시럽(유기농) 30g

1
아몬드페이스트, 비건 버터를 볼에 넣고 실리콘 주걱으로 부드럽게 잘 섞는다.

2
박력분, 카카오가루, 감자전분, 소금을 체 쳐서 1에 넣고 잘 섞는다.

3
슈가파우더와 원당을 넣는다.

4
손으로 섞어 보슬보슬한 상태로 만든다.

5
실리콘 베이킹매트 위에 반죽을 올리고 가운데 물을 넣은 뒤 손으로 잘 섞어 뭉친다.

6
손바닥으로 짓이기며 누르는 과정을 2~3번 반복한다.

7 한덩어리로 뭉친 반죽에 랩을 씌우고 냉장실에서 30분 정도 휴지시킨다.

8 반죽을 꺼내 밀대로 밀어서 0.3~0.5cm 두께의 타르트 틀 모양으로 편다.

9 타르트 틀에 넣고 가장자리를 정리한 뒤 포크로 바닥에 구멍을 내고 다시 냉장고에서 30분 정도 휴지시킨다.

10 초콜릿을 중탕볼에 올려 녹인다.

11 아몬드밀크와 두유를 냄비에 넣고 데운 뒤 **10**의 초콜릿 볼에 넣고 5분 정도 실온에 둔다.

12 **11**의 크림을 실리콘 주걱으로 섞고 아가베시럽을 넣어 초콜릿크림을 만든다.

13
9의 반죽을 175℃로 예열한 오븐에서 20분 정도 굽고 식힌다.

14
구운 타르트 바닥에 12의 초콜릿크림을 채운다.

15
바나나를 1cm 크기로 슬라이스하고 초콜릿크림이 덮일 정도로 바나나를 올린다.

16
다시 초콜릿크림을 볼록하게 얹고 스패출러로 자연스럽게 모양을 만든다.

카푸치노파운드케이크

크럼블은 미리 만들어두면 냉동실에서 2주 정도 보관 가능하다. 카푸치노파운드케이크는 하루 정도 냉장고에 보관했다가 먹으면 훨씬 더 부드럽고 밀도 있는 식감을 즐길 수 있다. 만든 날보다 다음 날 더 부드럽다. 냉장 보관한다면 1주일, 냉동 보관한다면 2주 정도 두고 먹을 수 있다.

재료(18cm 1개)_ 두유 140g, 쌀가루(유기농) 125g, 원당(비정제) 90g, 아몬드페이스트(무가당) 70g, 아몬드가루 40g, 감자전분 40g, 포도씨유 15g, 에스프레소 10g, 치아시드 10g, 커피가루(이과수) 8g, 애플식초 5g, 베이킹파우더 5g, 베이킹소다 4g, 소금 0.5g
<크럼블> 쌀가루(유기농) 40g, 포도씨유 29g, 아몬드가루 20g, 원당(비정제) 20g, 애플소스(무가당) 12g, 커피가루(이과수) 1g

1

두유, 레몬즙, 치아시드를 섞고 30분
~1시간 정도 불려 실온에 둔다.

2

크럼블 재료를 모두 볼에 넣고 실리
콘 주걱으로 가르듯 섞는다.

3

랩을 씌우고 냉장실에 30분 정도 둔다.

4

쌀가루, 아몬드가루, 감자전분, 커피
가루, 베이킹파우더, 베이킹소다, 소
금을 미리 체 치고 원당을 넣은 뒤
섞는다.

5

4의 가루류의 반, 1의 반을 넣고 섞
은 뒤 포도씨유, 아몬드페이스트를
넣고 실리콘 주걱으로 섞는다.

6

나머지 가루류와 1을 넣고 날가루
가 없어질 때까지 골고루 짓이기며
섞는다.

7 에스프레소를 넣고 골고루 섞는다.

8 파운드케이크 틀에 테프론시트를 깔고 7의 반죽을 넣은 뒤 잘 편다.

9 윗면에 3의 크럼블을 모두 올린다.

10 170℃로 예열한 오븐에서 40분 정도 굽는다.

비건 숍과 식재료 구입처

한살림 www.hansalim.or.kr
두레생협 dure-coop.or.kr
마르쉐 장터 www.marcheat.net
이태원 비건 스페이스 veganspace.co.kr
채식한끼 www.hanggi.kr
이팅더즈매터 eatingdoesmatter.co.kr
몽크스 부처 www.instagram.com/monksbutcher
푸드더즈매터 www.instagram.com/food_does_matter
천년식향 catchtable.co.kr/mdnd2020
플랜트 www.plantcafeseoul.com
베제투스 vegetus.kr
터바채 / 우부래도 www.instagram.com/teo_ba_che, instagram.com/ooh_breado
커피 딤 www.instagram.com/coffee_dim
루루흐 www.instagram.com/cafe_ruruq
비건 패밀리앤프렌즈 www.instagram.com/cafe_familyandfriends
비건 이레 www.instagram.com/vegan_for_sevendays
먀쿠아 - 더 테라스 카페 www.instagram.com/myakua_vegancookingclass
슈크레 포타제 www.instagram.com/sucre_potager
비건 베이커리 소봄 www.instagram.com/sobom_bakery

— 그릇 협찬 —

엔다스 www.instagram.com/n.dars
오로라 www.instagram.com/olola_dessert

비건홈카페

1판 1쇄 인쇄 2021년 8월 9일
1판 1쇄 발행 2021년 8월 23일

지은이 양수민 이현경
편집인 김옥현

사진 박재현(Grid Studio)
화보 스타일링 이아연('nd meal studio)
디자인 이효진
마케팅 정민호 박보람 김수현
홍보 김희숙 함유지 김현지 이소정 이미희 박지원
저작권 김지영 이영은
제작 강신은 김동욱 임현식
제작처 한영문화사

펴낸곳 (주)문학동네
펴낸이 염현숙
출판등록 1993년 10월 22일 제406-2003-000045호
임프린트 테이스트북스 taste BOOKS

주소 10881 경기도 파주시 회동길 210
문의전화 031)955-8886(마케팅), 031)955-2693(편집)
팩스 031)955-8855
전자우편 selina@munhak.com

ISBN 978-89-546-8169-8 13590

• 테이스트북스는 출판그룹 문학동네의 임프린트입니다.
  이 책의 판권은 지은이와 테이스트북스에 있습니다.
  이 책 내용의 전부 또는 일부를 재사용하려면 반드시 양측의 서면 동의를 받아야 합니다.

www.munhak.com